T0348887

✺ LA ERA DEL ✺
SOBREPENSAMIENTO MÁGICO

✳ LA ERA DEL ✳ SOBREPENSAMIENTO MÁGICO

Notas sobre la irracionalidad moderna

Amanda ✳ Montell

Traducción de Silvina Woodgate

TENDENCIAS

Argentina – Chile – Colombia – España
Estados Unidos – México – Perú – Uruguay

Título original: *The Age of Magical Overthinking*
Editor original: One Signal Publishers/Atria Books
Traductor: Silvina Woodgate

1.ª edición: septiembre 2024

ISBN: 978-84-92917-31-0
E-ISBN: 978-84-10365-36-0
Depósito legal: M-16.608-2024

Fotocomposición: Urano World Spain, S.A.U.
Impreso por: Rodesa, S.A. – Polígono Industrial San Miguel
Parcelas E7-E8 – 31132 Villatuerta (Navarra)

Impreso en España – *Printed in Spain*

Para Casey

NOTA DE LA AUTORA

Los acontecimientos y personajes de mi vida real se describen de la mejor manera posible de acuerdo a mi memoria. Algunos nombres y detalles identificativos han sido modificados.

CONTENIDO

DARLE SENTIDO AL SINSENTIDO

Una introducción al sobrepensamiento mágico

¿Qué es el mundo para ti si no puedes inventarlo
de la manera que más te guste?

TONI MORRISON, *Jazz*

Hice todo tipo de esfuerzos repletos de sinsentido para lograr
salir de mi propia cabeza.

Visité un zoológico interactivo para adultos. Intenté aprender
a meditar siguiendo una grabación de computadora con acento
británico. Me abastecí de un polvo nutritivo sin regulación oficial
llamado «Polvo cerebral». Parecía tener el cerebro hecho polvo.
En los últimos años, «miedo sin ningún motivo» se convirtió en
una de mis búsquedas más frecuentes en Google, como si al escri-
birle sobre mis sentimientos a un robot estos fueran a desaparecer.
Me atiborré de pódcast sobre mujeres que habían «enloquecido»,
y sentí tanto repulsión como atracción por las que podían mostrar su locura de manera tan abierta. Pensé en lo bien que se debe
sentir alguien al «enloquecer». Mi intento más cinematográfico
de rehabilitación mental consistió en recoger hierbas en una granja de Sicilia bajo un cielo libre de contaminación lumínica.
(«Aquí, de noche, las estrellas están tan cerca que podrían caerte
en la boca», me dijo el agricultor, lo que hizo que se me subiera el

corazón a la garganta). Con diversos grados de «éxito», hacía todo lo que se me ocurría para huir del estado de agobio y consumo en el que se había convertido mi vida en los locos años de la década del 2020. Cualquier cosa que pudiera ayudarme a tener una perspectiva más amplia para responder a la urgencia por mejorar mi salud mental, necesidad que llevaba experimentando, y tratando de racionalizar, hacía casi una década.

Cada generación tiene su propia crisis característica. Las de los años sesenta y setenta fueron para liberarse de las tiranías físicas, por la igualdad de derechos y oportunidades para votar, estudiar, trabajar y movilizarse. Eran crisis del cuerpo. Pero a medida que avanzó el siglo, también lo hicieron nuestras luchas internas. De manera paradójica, cuanto más avanzábamos a nivel colectivo, más malestar individual sentíamos. El discurso sobre nuestro malestar mental fue *in crescendo*. En 2017, la publicación *Scientific American* declaró que la salud mental en los EE. UU. había disminuido desde la década de 1990 y que las tasas de suicidio estaban en su punto más alto en treinta años[1]. Cuatro años después, una encuesta del Centro para el Control y Prevención de Enfermedades del gobierno de los EE. UU. descubrió que el 42 % de los jóvenes se sentían tan tristes o desesperanzados en las últimas dos semanas que no podían llevar adelante su vida cotidiana con normalidad[2]. La Alianza Nacional de Enfermedades Mentales informó que entre 2020 y 2021, las llamadas críticas a la línea de atención al suicida aumentaron en un 251 %[3]. Vivimos en lo que denominan la «Era de la Información», pero la vida parece tener cada vez menos sentido. Estamos aislados, apáticos, quemados por las pantallas, cortando relación con nuestros seres queridos como si fueran tumores en el espíritu de cuidar los «límites», sin entender las decisiones de los demás ni las nuestras. La máquina está funcionando mal e intentamos salir de ella pensando. En 1961, el filósofo marxista Frantz Fanon escribió: «Cada generación debe, desde una relativa oscuridad, descubrir su misión, cumplirla o traicionarla»[4]. Nuestra misión, al parecer, tiene que ver con la mente.

Mi fijación con la irracionalidad moderna echó raíces mientras escribía un libro sobre sectas. Corría el año 2020, y estudiar los mecanismos de influencia de las sectas durante el embrollo existencial de ese año arrojó nueva luz sobre las muchas caras del desvarío del siglo XXI. Desde el comienzo del nuevo milenio, la humanidad ha construido un megacentro comercial lleno de formas divertidas y novedosas de disociarse: las teorías de conspiración antes marginales se habían convertido en populares. El culto a las celebridades alcanzó un cenit alucinante. Los adultos de Disney y los fanáticos del MAGA («*Make America Great Again*»: *Que América vuelva a ser grande*) estaban borrachos de nostalgia, ahogados en quimeras del pasado. Estas creencias erróneas eran todas distintas, desde caprichosas hasta belicosas, pero una cosa era cierta: nuestra percepción compartida de la realidad había perdido fuerza.

La única forma que me pareció razonable para explicar este viaje mental masivo incluye los *sesgos cognitivos*:* patrones de pensamiento de autoengaño que se desarrollan debido a la imperfecta capacidad de nuestro cerebro para procesar la información del mundo que nos rodea. Los científicos sociales han descrito cientos de sesgos cognitivos a lo largo del último siglo, aunque el «sesgo de confirmación» y la «falacia del costo hundido» fueron los dos que más aparecieron en mis informes. La lectura detenida de tan solo algunos de estos estudios pudo ayudarme a cristalizar gran parte de la ilógica general del *zeitgeist* o espíritu del tiempo, la que aparece cuando las personas con títulos de máster organizan sus calendarios sociales de acuerdo a la posición de Mercurio en el cosmos, o cuando algunos vecinos optan por no vacunarse

---

* Término acuñado en 1972 por los economistas del comportamiento (y mejores amigos en la vida real) Amos Tversky y Daniel Kahneman[5].

porque un youtuber con pantalones palazzo dijo que «degradaría su ADN». Los sesgos cognitivos también explicaban montones de mis propias irracionalidades, decisiones personales que nunca podría justificar ante mí misma, como mi entrega absoluta a los veinte años dentro de una relación sentimental que sabía que me causaba sufrimiento, o mi tendencia a crear enemigos en Internet basándome en conflictos inventados por mí. Necesitaba tirar de ese hilo. Tenía que entender cómo estos trucos de magia mental que nos hacemos a nosotros mismos se combinan con la sobrecarga de información como un experimento químico que resulta en caos: Mentos y Coca-Cola light.

Nuestras mentes llevan engañándose a sí mismas desde el primer momento en que los humanos comenzamos a tomar decisiones. La cantidad de información que nos llegaba de la naturaleza era siempre demasiado para nosotros; catalogar el color y la forma precisos de cada ramita para entenderla nos llevaría más de una vida. Así que los cerebros primitivos idearon atajos que nos permitieron entender nuestro entorno lo suficiente para poder sobrevivir. La mente nunca ha sido perfectamente racional, sino más bien *racional en términos de recursos*, con el fin de conciliar nuestro tiempo finito, el almacenamiento limitado de memoria y nuestro deseo distintivo de que los acontecimientos tengan sentido. Eras después, la cantidad de detalles que procesar y decisiones que tomar ha explotado como confeti o metralla. No podemos reflexionar sobre cada dato con la profundidad que nos gustaría. Así que tendemos a confiar en los ingeniosos trucos de nuestros antepasados, que nos resultan tan naturales que casi nunca somos conscientes de ellos.

Ante una súbita avalancha de información, los sesgos cognitivos hacen que la mente moderna piense demasiado o piense muy poco en las cosas equivocadas. Nos obsesionamos de manera nada productiva con las mismas paranoias (¿Por qué Instagram me sugirió que siguiera a mi exjefe tóxico? ¿Me odia el universo?), pero pasamos por alto deliberaciones complejas que merecen más atención. Más de una vez me desorientó la experiencia extraña de participar en una batalla de ingenio en línea y luego salir a tomar aire y sentir en mi cuerpo como si hubiera estado utilizando tácticas de *sparring* más adecuadas para una caza neolítica que para una conversación teórica. «Creo que haber llegado tan lejos con los avances tecnológicos en los últimos cien años nos lleva a pensar que todo es conocible. Pero eso es muy arrogante y de verdad aburridísimo», dijo Jessica Grose, columnista de opinión del *New York Times* y autora de *Screaming on the Inside: The Unsustainability of American Motherhood* (*Gritando por dentro: La insostenibilidad de la maternidad estadounidense*), en 2023 [6]. He estado refiriéndome a esta época, en la que estamos dejando atrás con mucha rapidez las ilusiones psicológicas que una vez nos sirvieron, como «la era del sobrepensamiento mágico».

En términos generales, el pensamiento mágico describe la creencia de que los pensamientos internos pueden afectar a los acontecimientos externos. Una de mis primeras experiencias con este concepto fueron las memorias de Joan Didion tituladas *El año del pensamiento mágico*, en las que vivifica el poder del dolor para hacer que incluso las mentes más conscientes de sí mismas se autoengañen. Mitificar el mundo para intentar «darle sentido» es un hábito humano único y curioso. En momentos de incertidumbre feroz, desde la muerte repentina de un cónyuge hasta una temporada electoral de alto riesgo, los cerebros que en otro contexto funcionarían de manera «razonable» empiezan a tambalear. Ya se trate de la convicción de que uno puede «manifestar» su salida de las dificultades financieras, frustrar el apocalipsis aprendiendo a enlatar sus propios duraznos, evitar el cáncer con energía positiva o transformar una relación abusiva en una gloriosa solo con esperanza, el pensamiento mágico trabaja al servicio de la restauración de la voluntad. Aunque este pensamiento es una peculiaridad milenaria, el *sobre*pensamiento es propio de la era moderna: un producto de nuestras supersticiones innatas que chocan con la sobrecarga de información, la soledad masiva y la presión capitalista de «saber» acerca de todo lo que existe bajo el sol.

En 2014, bell hooks dijo: «El activismo más básico que podemos tener en nuestras vidas es vivir de manera consciente en una nación que vive entre fantasías. [...] Te enfrentarás a la realidad, no te engañarás a ti mismo»[7]. Ser tan conscientes como podamos de las distorsiones naturales de la mente, ver en ellas tanto la belleza como la locura más absoluta; creo que esto debería formar parte de la misión compartida de nuestra era. Podemos dejar que la disonancia cognitiva nos ponga de rodillas, o podemos subirnos al vertiginoso columpio entre el *logos* y el *pathos*. Podemos abrocharnos el cinturón para un viaje de por vida. Aprender a digerir una sensación de irresolución puede ser la única manera de sobrevivir a esta crisis. Eso es, de hecho, lo que me ha ayudado a hacer esta exploración de los sesgos cognitivos. Incluso más que la observación de las estrellas sicilianas, escribir este libro ha sido lo único que ha mantenido el zumbido en mi cabeza a un nivel de decibeles que puedo soportar.

Los budistas zen tienen una palabra, «kōan», que significa «acertijo irresoluble»: rompes la mente para revelar verdades más profundas y vuelves a montar las piezas para crear algo nuevo. Escribí este libro como un anhelo, un test de Rorschach, un aviso de servicio público y una carta de amor a la mente. No es un sistema de pensamiento, sino algo más parecido a un *kōan*. Si ya has perdido la fe en la capacidad de razonar de los demás casi por completo, o albergas una cornucopia de juicios cuestionables que ni siquiera puedes explicar, mi esperanza es que estos capítulos den algún sentido al sinsentido. Que sean como una ventana en nuestras mentes que dejen entrar una brisa cálida. Que nos ayuden a acallar la cacofonía durante un rato, o incluso a escuchar una melodía en ella.

1

¿ERES MI MADRE, TAYLOR SWIFT?

Una nota sobre el efecto halo

> Hablar [de los famosos] es hablar de cosas importantes sin tener que hablar de verdad sobre nosotros mismos.
>
> ANNE HELEN PETERSEN

El nivel de adoración se había vuelto voraz. Espiritualmente voraz. Por supuesto, la gente desde siempre expresa una adoración excesiva —la religión ya había llegado a los extremos, con asesinatos por el honor y todo eso—, pero ahora nuestros dioses no eran figuras imaginarias que se presentaban como omniscientes e intachables; eran celebridades humanas mortales, que sabíamos a ciencia cierta que no lo eran. A los nuevos extremistas se les llamó «*stans*», un término creado por el rapero Eminem, cuya canción «Stan», del año 2000, es una parábola demente sobre un tipo que se enfada porque su ídolo no contesta a las cartas de su fan. Llama la atención que la palabra es también un híbrido perfecto entre «*stalker*» y «fan»*.

---

* «*Stalker*» se traduce como «acosador» *(N. de la T.)*.

Todos los *stans* tenían nombres monacales, como Barbz, Little Monsters, Beliebers y Swifties. Se decía que representaban la muerte del diálogo. Los críticos dejaron de publicar reseñas negativas de los álbumes de las estrellas del pop por miedo a la gente, a ser «cancelados» o «doxeados»*, a que se filtraran sus direcciones y les enviaran amenazas de muerte. Nadie abandonaba el sofá, pero todos tenían miedo. Nadie hablaba en voz alta, pero el mundo parecía un gran grito, una orquesta de ocho mil millones de instrumentos que afinaba y afinaba hasta el infinito. Los *stans* eran impotentes como individuos. Pero como rebaño, «te irían al cuello», al estilo gregario de *El señor de las moscas*. Los periodistas temían por su cuello, no los de guerra, sino los periodistas de *música*. Los *stans* cancelaban a cualquiera, incluso se comían a los suyos. Se comerían a su propio dios si hiciera falta. Se comerían a su propio dios, especialmente. Así de voraces se habían puesto las cosas.

En 2023, una devota de Taylor Swift llamada Amy Long me envió por correo electrónico un documento de tres mil palabras en el que desglosaba los principales escándalos de la estrella del pop en los últimos cinco años: una serie de cataclismos emocionales donde los Swifties se volvieron contra su exaltada reina por no haber estado a la altura de las cualidades que nunca tuvo ni de los compromisos que nunca tomó. Los escándalos, que incluían desde fiascos en la venta de entradas hasta rumores sobre su sexualidad, llevaban títulos dramáticos al estilo del Watergate: Ticketgate, Lavendergate, Jetgate, Moviegate, Tumblrgate. «Este podría ser el más interesante», escribió Long, creadora de la cuenta de Instagram @taylorswift_as_books, en referencia a este último oprobio: tras años interactuando con sus fanes en Tumblr, Swift se desconectó de manera definitiva de la plataforma en

---

* Doxear: del inglés «doxx»: revelar información personal sobre un individuo u organización, generalmente a través de Internet, de manera intencional y pública *(N. de la T.)*.

2020, cuando se sintió intimidada por una multitud iracunda obsesionada con la política. Según explicó Long, los seguidores se enfadaron después de que Taylor publicara unos cuantos tuits condenando a Donald Trump y la brutalidad policial, pero luego no llevó sus vocalizaciones políticas más allá. Desde el punto de vista de los fanes, su ídola les había ofrecido una nueva era de activismo progresista para luego arrebatársela, como una madre que traiciona la promesa que hizo a sus hijas. (Gritos similares de traición se repitieron unos años más tarde, cuando Swift empezó a salir con un sórdido provocador, miembro de una banda de pop-rock. Los fanes escribieron una «carta abierta» donde le suplicaban a la estrella que abandonara al problemático padrastro y juraban que no le «quitarían el pie del cuello» de él hasta que lo hiciera).

Long continuó: «Muchos fanes han acusado a Taylor de utilizar el aliadismo como estética… y se enfadan con ella por no hacer lo que ellos quieren… pero es capitalista hasta la médula. La mayor parte de su equipo de seguridad está formado por exmiembros de las Fuerzas Especiales, exmiembros del FBI u otros antiguos agentes de la ley. No estoy segura de por qué los fanes esperan que diga: "¡Desfinanciemos a la policía! Derribemos al sistema que hizo realidad mi sueño"… Es raro».

Siempre me ha parecido bastante extraño que miles de desconocidos idolatraran a nivel moral a una cantante famosa basándose en conclusiones sobre su carácter de las que apenas había pruebas, y luego intentaran sacudirla para bajarla del pedestal con el mismo celo cuando esas suposiciones resultaban falsas. Pero ese comportamiento también es explicable. Mi conclusión es que estos ciclos cada vez más comunes de adoración y destronamiento de celebridades —además de las dinámicas menos parasociales de amor-odio con figuras que conocemos en la vida real— se pueden atribuir a un sesgo cognitivo conocido como *efecto halo*.

Identificado a principios del siglo xx, el efecto halo describe la tendencia inconsciente a hacer suposiciones positivas sobre el carácter general de una persona basándonos en nuestras impresiones a partir de un único rasgo. Cuando conocemos a alguien con un sentido del humor ingenioso, pensamos que también debe de ser una persona culta y observadora. De una persona atractiva suponemos que es extrovertida y segura de sí misma. Pensamos que una persona artística seguramente también es sensible y tolerante. El propio término invoca la analogía de un halo, el poder de una buena iluminación para influir en las percepciones. Imaginemos un cuadro religioso del siglo xii: los ángeles y los santos, que suelen llevar una corona de luz, están bañados en un brillo celestial, símbolo de su bondad absoluta. Si juzgamos a alguien a través de la lente del efecto halo, nuestra mente le proyecta el mismo resplandor cálido unidimensional, diciéndonos que confiemos en él por completo, cuando objetivamente nos ha dado pocas razones para hacerlo.

Detrás del efecto halo hay una historia de supervivencia. Alinearse con una persona fuerte o de apariencia física atractiva siempre ha sido una sabia estrategia de adaptación, y en general era justo suponer que una buena cualidad indicaba algo más. Hace veinte mil años, si te encontrabas con alguien alto y musculoso, era razonable deducir que había comido más carne que la media y que, por tanto, era un buen cazador, alguien a quien querías a tu lado. Era igual de sensato suponer que una persona con un rostro simétrico y dientes intactos había evitado desfigurarse a causa de batallas perdidas y ataques de animales, otro modelo decente. Hoy en día, elegir a alguien a quien admirar en la vida contribuye a la formación de la identidad y, cuando se trata de elegir al modelo adecuado, hemos aprendido a seguir nuestro instinto. Al fin y al cabo, ¿cuán ineficaz sería necesitar toda una semana para evaluar a un posible mentor, o reunir a todo un grupo de especialistas de credenciales perfectas, uno para las ideas profesionales, otro para la inspiración creativa, y otro para los consejos de moda? Elegir un único modelo para todo, basándose en generalizaciones apresuradas pero acertadas, es tan solo un uso superior de nuestro presupuesto psicológico ajustado. Hete aquí el efecto halo.

Las figuras parentales fueron los sujetos originales del sesgo. Como nuestros mayores nos cuidan y saben cosas que nosotros ignoramos, pensamos que deben saberlo *todo*. De mi propia madre, creía esto hasta el extremo. Cuando se trataba de la Dra. Denise Montell, el efecto halo era ineludible. La expectativa era demasiado grande. Mi madre, una celebridad por derecho propio, es una bióloga de células cancerosas con un doctorado en la Universidad de Stanford y una repisa llena de premios por su investigación en genética molecular. El año pasado ingresó en la Academia Nacional de Ciencias por descubrir un mecanismo de movimiento celular que algún día podría ayudar a curar el cáncer. Mi madre curó *su propio* cáncer. La semana antes de que yo empezara sexto grado, cuando Denise tenía cuarenta años, le diagnosticaron un linfoma mortal. No me enteré de que los médicos le habían dicho que era probable que muriera hasta que pasaron cinco años de la remisión. Pero no murió, en parte porque colaboró con sus oncólogos para diseñar su propio plan de tratamiento experimental. El laboratorio de investigación de la Universidad Johns Hopkins estaba justo enfrente del hospital, donde se sometía a sesiones de quimioterapia a la hora de comer. Ahora, ese tratamiento es una práctica habitual para los pacientes de linfoma de todo el mundo.

De niña, la mayoría de mis amigas tenían madres solteras y padres ausentes. Es una peculiar coincidencia, ahora que miro hacia atrás. Sin duda, parte de lo que me atrajo de ellas en primer lugar fue la relación de mis amigas con sus madres al estilo de *Las chicas Gilmore*, más parecido a ser íntimas amigas que la relación formal entre padres e hijos que yo conocía. Las madres de mis amigas eran *muy* humanas. Mostraban sus imperfecciones sin tapujos. Hablaban como un marinero, cantaban desafinando en la cocina y un silencio tenso era la respuesta cuando se enfadaban. Hablaban sin reservas de las manchas de la regla y de las deposiciones, de la imagen corporal y del desamor. Como adolescente, esa vulnerabilidad me enamoraba. Los defectos no eran el estilo de Denise. No, Denise no; sus cartas emocionales se mantenían bien escondidas. Denise no: nunca la vi cometer un solo error ilógico, hacía ejercicio durante cuarenta y cinco minutos cada mañana, nunca salía de casa sin alisarse el pelo castaño a la perfección y parecía saberlo todo en el universo, desde cómo una sola célula se convierte en un feto hasta qué panadería de la ciudad vendía las baguettes francesas más sabrosas. Mi madre pasaba casi todo el tiempo estudiando a fondo para sus investigaciones en el laboratorio del centro de la ciudad —todas las noches, todos los fines de semana— y su sangre fría, combinada con su ausencia, la convertían en una figura casi mítica para mí. No recuerdo ningún momento en el que yo no fuera consciente de su reputación, que deslumbraba como una alianza de platino al sol.

En teoría, yo quería que Denise fuera un poco más salvaje. Me encantaba ver pequeñas muestras de eso, como cuando se tomó media margarita de más en unas vacaciones familiares en mi tercer año de instituto y se puso a reír como una niña mientras regresábamos a la habitación del hotel. O cuando me contaba anécdotas curiosas de su juventud, como aquella en la que casi la secuestran el verano que vivió en París con dieciocho años, o las vacaciones de primavera de la universidad, cuando su novio surfista la obligó a tomar ácido en un concierto de la banda Grateful Dead. Me encantaba imaginarme a la persona que era Denise cuando no era mi madre. Pero luego, en la práctica, cada vez que ella mostraba lo que yo consideraba una emoción fuera de lugar, aunque solo fuera perder la calma en un atasco mientras llegaba tarde al trabajo, me horrorizaba. Su margen de error era demasiado estrecho. Ella era Taylor, yo era la Swiftie desquiciada. Si Denise tuviera un Tumblr, sin duda habría querido que le gustaran mis publicaciones y la habría echado de la plataforma en el momento en que no fuera la deidad que yo creía que era.

Pero los jóvenes ya no admiran solo a sus madres. En 2019, un estudio japonés descubrió que alrededor del 30% de los adolescentes aspiran a emular a una figura mediática, como su cantante o atleta favorito[8]. Un estudio de 2021 publicado en la revista *North American Journal of Psychology* midió que la adoración de las celebridades había aumentado de manera drástica en las dos décadas anteriores[9]. El efecto halo ya hace que sea fácil endiosar a alguien que conoces en la vida real (cuando era adolescente, uno de mis hábitos sociales menos saludables era entablar amistades desiguales en las que me sentía más como una admiradora que como un par, sacando falsas conclusiones como creer que, por su sonrisa brillante y su carisma natural, la chica popular del colegio era también una confidente leal). Es aún más fácil encapricharse desde lejos. Como tendemos a ver a los famosos como personas atractivas, ricas y con éxito, juzgamos a la ligera que también deben ser sociables, conscientes de sí mismos y sofisticados. Algunos admiradores sienten una profunda cercanía hacia sus ídolos y creen que ellos también deben quererlos, incluso de manera maternal. No todos los fanes son *stans*, pero el culto a los famosos es cada vez más extremo y tiene consecuencias nocivas cuantificables.

La palabra «fan» procede del latín *fanaticus*, que significa «loco pero divinamente inspirado». No fue hasta las décadas de 1960 y 1970 cuando el público empezó a percibir a los famosos como algo más que artistas, más como modelos de conducta o dioses. Este cambio de percepción estuvo relacionado con el aumento del activismo de los famosos, que coincidió con la pérdida de confianza de los estadounidenses en los políticos, los líderes religiosos tradicionales y las autoridades sanitarias. En un artículo de opinión del *New York Times* titulado «¿Cuándo empezamos a tomarnos en serio a los famosos?»[10], Jessica Grose informaba que, en 1958, tres cuartas partes de los estadounidenses[11] «confiaban en que el gobierno federal hacía lo correcto casi siempre o la mayoría de las veces». Eso según Pew Research. Pero entonces llegó la guerra de Vietnam, la recesión económica de 1960 y el Watergate, una trágica trifecta que sugirió que los estadounidenses necesitaban encontrar un nuevo tipo de modelo. En la década de 1960, los *baby boomers* se habían convertido en adolescentes —había más adolescentes que nunca en los Estados Unidos— y, a medida que el aislamiento y la inseguridad que acompañan a la adolescencia se unían a la prosperidad de la posguerra y al prurito de cambio social, los jóvenes encontraron una nueva religión: los Beatles, cuyos miembros sirvieron no solo como iconos artísticos de los fanes, sino también como amantes lejanos y guías espirituales.

En 1980, solo un 25 % de los ciudadanos estadounidenses confiaba ya en que el gobierno hacía lo correcto. Según Grose, fue entonces cuando se disolvieron de manera definitiva los límites que separaban a las figuras mediáticas, los políticos y las autoridades espirituales. En 1981, Ronald Reagan se convirtió en el primer famoso en llegar a presidente de los Estados Unidos, presentándose como un «forastero insurgente». El halo colectivo de Hollywood se iluminó como la zarza ardiente cuando el nuevo mensaje del *zeitgeist* implicó que los iconos del escenario y la pantalla no estaban aquí solo para entretenernos, sino para salvarnos. Las estrellas del pop se convirtieron en nuestros nuevos sacerdotes. Con el tiempo, las redes sociales fertilizaron esa religiosidad como un potente abono. En mi tienda de productos espirituales local de Los Ángeles se pueden encontrar velas de oración con la imagen de músicos consagrados: «Santa Dolly», «San Stevie», la cara de Harry Styles superpuesta al cuerpo de

Cristo. Grose citó al Dr. Paul Offit, profesor de Pediatría del Hospital Infantil de Filadelfia y autor de *Bad Advice: Or Why Celebrities, Politicians, and Activists Aren't Your Best Source of Health Information* (*Malos consejos: O por qué los famosos, los políticos o los activistas no son la mejor fuente de información sobre salud*), quien analizó que los estadounidenses depositan su fe en los personajes famosos porque «creemos conocerlos, los vemos en el cine o en la televisión y asumimos que ellos son los personajes que interpretan».

Pero los famosos también se «interpretan» a sí mismos, y en Internet ese espectáculo se emite veinticuatro horas al día, siete días a la semana. Nos desorienta aún más que la idolatría hollywoodiense de la era Reagan, porque cuando vemos a los famosos publicar fragmentos digitales de sus personajes «reales», sentimos como si los conociéramos por completo. El texto que acompaña las fotos de Instagram parece una carta de un ser querido; los mensajes mirando a la cámara parecen videollamadas con un amigo. En la era del sobreintercambio mágico, las plataformas como Tumblr, TikTok, Instagram y Patreon ofrecen a los fanes un acceso cada vez mayor a la información personal de sus héroes, reduciendo así la brecha parasocial y haciendo que se sientan cada vez más conectados. Al fin y al cabo, a diferencia de la televisión, existe la posibilidad real de que Taylor Swift conteste ella misma tu comentario de Instagram, la santa todopoderosa que responde a la plegaria de su creyente… o a su demanda.

«Si tienen la motivación suficiente, los fanes que se congregan en las redes sociales pueden realmente cambiar la trayectoria de su artista y la vida de cualquiera que se interponga en su camino», analizó el periodista musical de la radio pública nacional (NPR) de los EE. UU. Sidney Madden [12]. «Este cambio en la dinámica de poder […] [crea] un bucle de retroalimentación que puede recompensar más al personaje performático en la red que a una genuina visión artística». La comunidad fan moderna se sitúa en un espectro que va de la admiración sana a la manía patológica. El extremo constructivo del espectro ofrece algo trascendente. «Tumblr me abrió los ojos a decenas de opiniones matizadas provenientes de un amplio abanico de personas, en un espacio que no me intimidaba», escribió Danielle Colin-Thome, redactora de *Bustle*, en un ensayo sobre el papel «empoderador y, a veces, muy problemático» de la cultura fan en las vidas de los jóvenes marginados[13]. «Nuestras comunidades de fanes... eran vehículos para hablar de temas más amplios: feminismo, raza y representación LGTBQ». Pero el extremo dogmático no es ninguna broma. Un examen clínico de 2014 sobre el culto a las celebridades concluyó que los altos niveles de fanatismo se asocian con dificultades psicológicas, incluyendo «preocupaciones sobre la imagen corporal, mayor propensión a la cirugía estética, búsqueda de sensaciones, rigidez cognitiva, una identidad disfusa y límites interpersonales pobres»[14]. Otros problemas observados fueron depresión, ansiedad, disociación, tendencias narcisistas de la personalidad, sed de fama, compras y juego compulsivos, conductas de acoso, una excesiva obsesión hasta el punto de provocar disfunciones sociales (lo que se denominó «ensoñación desadaptativa»), adicciones y delincuencia. Un estudio de 2005 descubrió que la adicción y la delincuencia tenían una relación más estrecha con el culto a los famosos que la ingesta de calcio con el nivel de masa ósea o la exposición al plomo con el coeficiente intelectual de los niños.

Este estudio, publicado en 2005 en la revista *Psychology, Crime & Law* (*Psicología, Delito y Ley*), identificó cuatro categorías a lo largo del espectro del culto a los famosos[15]. En primer lugar, estaba el nivel «Entretenimiento social», definido por actitudes como: «A mis amigos y a mí nos gusta hablar de lo que ha hecho mi estrella favorita». Luego estaba la categoría de sentimientos «personales intensos», donde clasifican afirmaciones como «Tengo pensamientos frecuentes sobre mi estrella favorita, incluso cuando no quiero». En tercer lugar estaba el nivel «Límite patológico», caracterizado por pensamientos delirantes («Mi estrella favorita y yo tenemos nuestro propio código para comunicarnos en secreto»); expectativas inverosímiles («Si entrara por la puerta de la casa de mi estrella favorita sin invitación, se alegraría de verme»); y autosacrificio («Moriría con gusto para salvar la vida de mi estrella favorita»). Una cuarta categoría, denominada «Imitación perniciosa», describe a los fanes dispuestos a adoptar conductas promiscuas en nombre de su ídolo («Si tuviera la suerte de conocer a mi ídolo y me pidiera que hiciera algo ilegal como favor, probablemente lo haría»).

«[Taylor] podría llevarme muy lejos, moralmente» [16], dice Jill Gutowitz, periodista de cultura pop, autora de la colección de ensayos *Girls Can Kiss Now* (*Las chicas ahora pueden besar*) y fan incondicional de Taylor Swift desde hace diez años. Gutowitz ha sido atacada de manera personal por sus propias compañeras Swifties. Una vez se encontró con un virulento ataque masivo en Twitter después de escribir una crítica humorística del álbum *Lover* de Swift para la página *Vulture* [17], en la que se burlaba a modo de broma del entonces novio de la cantante, el actor Joe Alwyn, por ser demasiado soso para servir como su musa. («Alwyn es como una taza de leche de avena natural», fueron las palabras exactas de Gutowitz). «La gente se enfadó mucho conmigo por eso», reflexionó. «Fue uno de esos momentos en los que los *stans* se abalanzan contra alguien. Una vez el FBI llamó a mi puerta por algo que tuiteé, y aun así… sentí más miedo cuando los Swifties vinieron por mí». Pero la horda no fue suficiente para comprometer la lealtad de Gutowitz hacia la cantante. Ni por asomo. Unas cuantas semanas de veneno en Twitter eran lo normal, un impuesto nominal por el privilegio de exaltar a Taylor Swift.

El efecto halo es peligroso tanto para la estrella como para el fan: tiene el poder de elevar a un ser mortal tan alto del suelo que la multitud ya no puede ver su humanidad. Para entonces, la propia adoración se convierte en el objeto, y el famoso en algo más parecido a un muñeco. En los casos más graves, la obsesión llega a ser tan intensa, un gran enjambre de catarsis, que los cables entre el amor y el odio se confunden. Es como ese sentimiento de «agresión por ternura», cuando aprietas a un gatito de peluche con tanta fuerza que se le sale la cabeza. En 2023, tras el caótico lanzamiento de la venta de entradas para la gira de Taylor Swift en Ticketmaster, los fanes estallaron en acusaciones de traición que iban mucho más allá del acceso a los conciertos. «La gente actuaba como si las entradas fueran un derecho humano que Taylor les negaba», escribió Amy Long en su correo electrónico. «No paraban de exigir más hasta el punto de que Taylor solo podía "compensarles"… regalándoles entradas o tocando en acústico en sus casas… [Taylor] no es alguien que no se preocupe por sus fanes, y es tan delirante pensar eso como que en realidad es tu mejor amiga».

Casi todas las estrellas adoradas por sus fanes han visto cómo de la noche a la mañana la fascinación maníaca de los seguidores pasaba de la devoción al desdén. Incluso Beyoncé, que cuida su privacidad de manera excepcional, mantiene a sus admiradores a la distancia de un escenario de proscenio y suele eludir la polémica sensacionalista, ha visto cómo sus discípulos daban un giro de 180 grados. El ardiente grupo de seguidores llamado «BeyHive»* al parecer ansiaba echar un vistazo a la vida de su «reina sin defectos», hasta que apareció en el programa *Good Morning America* en 2015 para anunciar que se había hecho vegana. Sus admiradores pensaron que les «bendeciría» con noticias sobre un embarazo (¿un nuevo «hermano»?) o una gira de conciertos. Cuando sus expectativas no se cumplieron,

---

* *BeyHive* juega con la combinación de *Bey-once* y *hive*, que suena igual que *beehive*, que significa colmena *(N. de la T.)*.

desataron un aluvión de burlas implacables, llenando de *spam* los comentarios de la cantante en las redes sociales con emojis de hamburguesas y patas de pollo.

Podría decirse que algunas de las dinámicas de fanatismo más venenoso de la década cayeron sobre la artista electropop inglesa Charli XCX. Una sección especialmente apasionada de la secta de fanes de Charli está conformada por homosexuales blancos, cuya pasión ha llegado al acoso y la cosificación. Al tratar a su diva más como un objeto que como una persona, los «ángeles de Charli» han obligado a la cantante a firmar autógrafos y posar para fotos con objetos indecentes, como botellas de poppers, una ducha anal y un frasco con las cenizas de la difunta madre de un fan. Han arremetido con saña contra los éxitos de Charli que no les gustaban y la han obligado a modificar sus listas de canciones durante las giras para satisfacer sus demandas. He visto tuits en los que sus seguidores tildaban a los nuevos lanzamientos de trágicos «fracasos» y, en la misma frase, se referían a ella como su «reina», «leyenda» y «madre»: «Hasta ahora, estos temas de Charli no me emocionan en absoluto, pero ella todavía está en mi lista de madres».

«La lista de madres». Las cenizas de una madre muerta. La tempestuosa vacilación entre adoración y castigo de parte de los fanes de las celebrities está relacionada con la maternidad. Un estudio de mediados de la década de los dos mil halló una correlación entre el comportamiento de acoso a los famosos y el apego inseguro entre padres e hijos[18]. Un estudio similar realizado en Hong Kong analizó a 401 estudiantes chinos de secundaria e identificó que la ausencia de los padres exacerbaba las inclinaciones de los participantes hacia la adoración de los famosos[19]. Un par de estudios realizados en 2020 y 2022[20] confirmaron que los jóvenes que no recibían «estresores positivos»[21] de las actividades de la vida real o los miembros de la familia podían manifestar una fijación obsesiva hacia las figuras sustitutas de los medios de comunicación. Según este último estudio, el aislamiento temprano en la vida puede causar déficits emocionales que pueden hacer que alguien sea más propenso a centrarse en el «trauma del mundo virtual», dividiendo a las figuras famosas entre santos inmaculados y demonios deshonrados (en la literatura psicológica, esto se llama «*splitting*» o «escisión»). «Es muy fácil que los traumas de la vida cotidiana nos hagan sentir como un niño huérfano de madre», afirma el psicoterapeuta Mark Epstein[22].

No es de extrañar, por tanto, que tantos acólitos de Taylor Swift se cuelen en la categoría «Límite patológico» del fanatismo. Los diversos álbumes de Swift, que ofrecen no solo música nueva, sino una nueva «era» —un rico manantial de estéticas y rituales en los que empaparse (la inocencia pueblerina de su debut autotitulado, la venganza vampírica de su álbum *reputation*, la fantasía nostálgica de *folklore*)—, han construido todo un universo cinematográfico de madres. También tiene sentido que los fanes *queer* de los ídolos pop sean a veces los más entusiastas, a menudo privados del apoyo y la aceptación paternos que necesitan.

En 2023, la periodista musical Amanda Petrusich, del *New Yorker*, analizó la multimillonaria gira Eras Tour de Taylor Swift. En su análisis del festejo[23] señaló que aunque la posesividad de las Swifties en Internet parece «poderosa y aterradora», en persona adopta una forma totalmente distinta. Entre la multitud de lentejuelas y éxtasis (la sensación, no la droga), Petrusich pudo ver cómo la idea de proteger el sentimiento de solidaridad swiftie podía llevar a alguien al delirio. Escribió: «La comunidad, uno de nuestros placeres humanos más elementales, ha sido diezmada por el COVID, la política, la tecnología, el capitalismo… La actuación de Swift puede ser organizada, perfecta, pero lo que ocurre en la multitud es desordenado, salvaje, benévolo y hermoso». Por muy divertidos que puedan ser los espacios de reunión virtuales, no son un sustituto de la realidad, y por eso las interacciones en línea entre admiradores pueden llegar a ser tan brutales y alucinantes. En un carrete de fotos que Swift publicó en Instagram desde la carretera, escribió: «Esta gira se ha convertido en toda mi personalidad». ¿Cómo puede un fan conocer a Swift en su totalidad, y luego defenderla o castigarla en consecuencia, si es posible que ni siquiera Swift se conozca del todo a sí misma, después de tantos años de mezclar sus personalidades tanto dentro como fuera del escenario?

En 2003, una encuesta realizada a 833 adolescentes chinos reveló que los que «adoraban» a personas que conocían de verdad, como compañeros y profesores que podían hacer contribuciones tangibles a sus vidas, tenían en general mayor autoestima y rendimiento escolar[24]. Glorificar a las estrellas del pop y a los atletas predecía lo contrario: menor confianza y menor autoestima. Este hallazgo respalda la idea de «modelo de adicción a la absorción» detrás del culto a los famosos, que sugiere que los fanes buscan relaciones parasociales para compensar las carencias de su vida real, pero que, en sus intentos de establecer identidades personales a través del fanatismo, acaban perdiéndose a sí mismos. Cuando la mente moderna carece de alimento, a veces intenta amamantarse en lugares insólitos donde no hay leche.

Tanto en la esfera privada como en la pública, el culto a una persona la deshumaniza. Ser objeto de devoción no es tan halagador; se corre el riesgo de aniquilar el margen de complejidad y error de una persona, y esto predispone a todos al sufrimiento. Si se sobreanalizan las palabras de un mortal como si fueran escrituras bíblicas, y se descubre que las interpretaciones eran falsas, se puede iniciar una cruzada. Cuando los *stans* se sienten traicionados por sus héroes, suelen rebelarse. Y los castigos no se distribuyen por igual. Con pocas excepciones, los ídolos femeninos (las «madres») sufren las penas más duras por los delitos más leves. Y cuanto más marginada es una celebridad femenina, menos humanidad le permitimos. Me pregunto si Taylor Swift, en lugar de Beyoncé, hubiera acudido al programa *Good Morning*

America para anunciar una nueva «era vegana», ¿se habrían comportado los seguidores de forma tan cáustica? Como escribió la columnista política canadiense Sabrina Maddeaux en 2016, «las mujeres, que son objeto de adoración y repugnancia de manera simúltanea en el ojo público, se convierten a la vez en víctimas y villanas» [25].

Los periodistas de música *queer* han observado una siniestra misoginia subyacente en el trato de ciertos consumidores gays masculinos hacia los iconos femeninos del pop. Durante mucho tiempo, las mujeres artistas les han permitido a los fanes ser una especie de portavoz de una feminidad que no siempre podían expresar. Con la cultura de los memes y la beligerancia de Twitter, este tratamiento se ha vuelto aún más denigrante. «Antes nos limitábamos a ser ventrílocuos de las voces de las mujeres como si fueran nuestras. Ahora, hablamos por encima de ellas», dijo el crítico de entretenimiento *queer* Jared Richards [26].

En mi propia familia, la actitud que yo tenía hacia mi madre no era muy diferente de la de las desquiciadas adoradoras de famosos. Mientras crecía, cada vez que alguno de mis padres mostraba cualquier atisbo de falibilidad humana, sentía el doble de encono hacia Denise. Como la había colocado en un pedestal más alto y más estrecho, el golpe cuando se caía era mucho mayor. Unos años antes de graduarme del instituto, tras una desagradable discusión en la que reprendí a mi madre por (Dios no lo quiera) «actuar tan distante todo el tiempo», ella comezó a enviarme largas cartas por correo electrónico. Al estilo de una amiga por correspondencia, Denise compartió durante meses una serie de memorias confesionales de su vida antes de que yo naciera, historias con las que nunca se había sentido cómoda al divulgarlas. Estas historias, la mayoría sobre su vibrante vida amorosa, no son mías, pero la humanizaron de una manera crucial. No extinguieron el halo de mi madre, sino que iluminaron el entorno que la rodeaba para que yo pudiera apreciar el contexto. Comprenderla en un contexto con más dimensiones alivió parte de la presión. Con el tiempo, y más comunicación y empatía, Denise y yo pudimos vernos de manera completa.

Los fanes tratan a las mujeres famosas con la misma veneración y veneno que recibe una madre, pero como es una relación parasocial, nunca podrá alimentarles de verdad. La multitud puede exigir canciones más pegadizas, políticas más progresistas y la restitución de las entradas a los conciertos que sus años de lealtad les han hecho ganar; sin embargo, no creo que ningún tipo de respuesta pública, de por sí alejada por naturaleza, pueda apaciguarlos hasta frenar el ciclo de adoración y destronamiento.

Naturalmente, nos gusta que nuestros héroes sean un poco cercanos. Un poco humanos. Cuando una estrella del pop olvida la letra inicial de su propia canción y tiene que empezar de nuevo. Cuando el presidente fuma un cigarrillo a escondidas. Cuando tu madre se emborracha un poco en vacaciones. Como la sal marina en una galleta de chocolate, la imperfección realza aún más su santidad. Pero cuando se trata de personas que están en un pedestal, a veces parece que la plenitud de su humanidad podría matarnos. Hace unos meses, estábamos conversando y comparando infancias durante un almuerzo con una novelista británica, cuando ella sacó a colación el concepto de la «madre suficientemente buena». En 1953, el pediatra y psicoanalista inglés Donald Winnicott acuñó este término tras observar que, en realidad, los niños se benefician cuando sus madres fallan de formas manejables[27]. «Aunque de algún modo fuera posible ser la madre perfecta, el resultado final sería un niño delicado y frágil que no podría tolerar la más mínima decepción», resume la Dra. Carla Naumburg, trabajadora social clínica y autora de *You Are Not a Sh*tty Parent* (*No eres un padre o madre de m**rda*)[28]. «Si somos lo bastante buenos —que creo que la mayoría lo somos—, la mayoría de las veces acertamos, y a veces nos equivocamos». Un fan que pinta a su ídolo como una figura materna impecable parece estar destinado a la fragilidad. Me pregunto si nuestros iconos artísticos solo necesitan ser *suficientemente buenos*.

En algunas partes del reino animal, las especies practican el canibalismo filial, y una madre se come a sus propias crías. Pero también existe la matrifagia, que se da en ciertos insectos, arañas, escorpiones y gusanos nematodos. Las madres de las arañas cangrejo proporcionan a sus crías huevos no fecundados para que se los coman, pero no es suficiente. A lo largo de varias semanas, las crías también se comen a su madre. Es un sacrificio que ayuda a la siguiente generación. Las crías de araña que se comen a su madre tienen más peso y probabilidades de sobrevivir que las que no lo hacen. La *Rolling Stone* llamó a 2022 «El año del caníbal»[29]. Hollywood tuvo una cantidad impresionante de producciones con temática caníbal: *Fresh,* de Hulu; *Yellowjackets,* de Showtime; *Monstruo. La historia de Jeffrey Dahmer,* en Netflix, y *Hasta los huesos,* de Luca Guadagnino. Quedaba claro que, al igual que las arañas, estábamos famélicos de algo: conexión y protección, identidad y orientación, la nutrición más humana. Estábamos muertos de hambre. Algunos no pudieron evitarlo. Pero la matrifagia de los famosos nunca fue suficiente. No hizo fuerte a nadie, porque las estrellas no eran nuestras madres. Estaban hechas de píxeles y fantasías inadecuadas. Las crías podían devorar pata tras pata de la araña madre, y nunca saciarse.

2

JURO QUE LO MANIFESTÉ

Una nota sobre el sesgo de proporcionalidad

Una vez fui teórica de la conspiración. A veces vuelvo a serlo. «El universo quiere acabar conmigo» era mi lema durante la agitada década de mi adolescencia, cuando me parecía que la única explicación sensata de por qué me sentía tan insegura todo el tiempo tenía que ser un complot cósmico contra mí. ¿Qué es una teoría de la conspiración, aparte de la intuición de que alguna fuerza poderosa está conspirando para sabotearte… o salvarte? El deseo psicológico de que los grandes acontecimientos (y los grandes sentimientos) tengan causas igual de grandes es instintivo. Se llama *sesgo de proporcionalidad* y, aunque los economistas conductuales consideran que esta inclinación es la fuerza impulsora de teorías conspirativas extremas como QAnon, también llega a engañar incluso a las mentes más racionales para que sobrestimen las relaciones de causa-efecto. El sesgo de proporcionalidad explica por qué «la Doctora de la Manifestación» se hizo tan popular en Instagram. A partir de la década de 2020, la manifestación puede muy bien ser la teoría de la conspiración más furtiva de todas.

✳ ✳ ✳

«Si pudiéramos resumir *la curación* en una sola frase corta, ¿cuál sería?», pregunta la famosa pseudoterapeuta conocida en Internet como @TheManifestationDoctor (la Doctora de la Manifestación).* Su pañuelo colorido teñido con la técnica *tie dye* contrasta con una piel de color muy pálido. Su voz, temerosa y con acento bostoniano, no concuerda con el aire de autorrealización y de recién llegada del Tíbet que desprenden sus mensajes, pero esta actitud perfecta de mujer imperfecta forma parte de su encanto. Durante los dos últimos años, la que antes fuera una psicóloga titulada y ahora «influencer de la salud mental holística» ha ofrecido a los seguidores interesados en la terapia, pero que no pueden o no quieren acceder a un tratamiento tradicional, la oportunidad de aprender sobre el «trabajo de sombra», la «herida madre» y «cómo regular el sistema nervioso sin fármacos», todo ello en forma de pequeños vídeos explicativos. Acomodada ante un equipo de audio de alta tecnología, la Doctora de la Manifestación transmite en directo el evento virtual de lanzamiento de su nuevo libro de autoayuda, *El arte de la autocuración. Libera tu trauma y manifiesta un nuevo tú.* En el momento de esta transmisión, en 2021, su número de seguidores en Internet se disparó hasta los cuatro millones. Se esfuerza por responder a su propia pregunta: «Te diré dos palabras que quienes me siguen desde hace tiempo me han oído decir un millón de veces: *empoderamiento personal holístico*».

Precisamente ciento diecisiete de las cuentas de Instagram que sigo son de seguidores de @TheManifestationDoctor: antiguos compañeros de trabajo y de clase, conocidos activistas y

---

* Varios nombres, lugares y otros detalles que revelan identidad en este capítulo, incluido este, han sido cambiados. Y dejadme que os diga que encontrar un nombre de Instagram medianamente inteligible que no estuviera ya escogido fue uno de los retos creativos que me generaron más angustia en la redacción de este libro.

autores, el cantautor que escuché mientras me lavaba los dientes esta mañana, mi barista favorito del barrio. No sigo la página, al menos no desde mi cuenta pública, pero llevo cerca de un año navegando por ella desde un perfil falso bautizado con el nombre de una antigua mascota y una calle en la que vivía, como si fuera el nombre de una estrella del porno. No puedo creer lo que ha crecido desde el comienzo de la pandemia, pasando de ser una psiquiatra sin trabajo con una licencia caducada de Massachusetts a una auténtica estrella tipo Dr. Phil que vive en una mansión junto a la playa. Fue un giro empresarial impresionante, sin duda; solo que me inquieta que la comercialización de la psicoespiritualidad orientada a millones de desconocidos en Internet se convirtiera en un negocio tan grande. Los consejos tipo galleta de la fortuna de la Doctora de la Manifestación contienen máximas absolutistas que ningún otro terapeuta que consulté para este capítulo se atrevería a decir en público: «Complacer a la gente es una manipulación inconsciente»; «Explicarse en exceso es una respuesta traumática derivada de un miedo al conflicto no resuelto en la infancia»; «Las enfermedades no son hereditarias, los hábitos sí». Tales sentimientos parecen terrones de azúcar digeribles de sabiduría, pero dispersados en masa por una figura pública que habla sobre la mente y el cuerpo corren el riesgo de agravar las preocupaciones que ya tienen los seguidores ansiosos acerca de sus propias mentes. «No solemos hablar en términos absolutos», explicó el Dr. Aaron Weiner, psicólogo certificado de Illinois, en una llamada telefónica a mediados de 2021.

La magnitud del crecimiento de la Doctora de la Manifestación es única; su mensaje, sin embargo, no. En el fondo, cumplía todos los criterios básicos de una teoría de la conspiración. Su tesis fundamental, una historia clásica del bien y el mal adaptada a la crisis de salud mental moderna, era que la terapia y los medicamentos tradicionales te mantienen enfermo, pero puedes curarte a ti mismo. Solo tienes que aprender a hacer que el universo se incline a tu favor. ¿Enfermo? ¿Pobre? ¿No vives tu mejor vida? No culpes a tu malvado jefe o a tu exmaltratador. Eso es lo que hacen las víctimas. No culpes a las élites bebedoras de sangre, eso es lo que hacen los *verdaderos* teóricos de la conspiración. En vez de eso, culpa a tu trauma infantil no resuelto. Y luego, por veintiséis dólares al mes, alístate en este «círculo del empoderamiento personal», donde aprenderás a manifestar la vida que mereces por una fracción del costo de la terapia tradicional.

Este argumento básico no lo usó solo la Doctora de la Manifestación, sino todo un grupo de figuras de la Nueva Era de la salud mental que irrumpieron en el mercado a principios de la década de 2020. El estado psicológico en los EE. UU. estaba cayendo en picado; el creciente discurso sobre la salud mental hizo que personas que nunca antes se habían interesado por la terapia fueran extremadamente conscientes de su malestar. Entre marzo de 2020 y septiembre de 2022, los datos de Pew Research revelaron que el 58 % de los adultos de edades comprendidas entre los dieciocho y los veintinueve años habían experimentado altos niveles de angustia psicológica[30]. Pero los terapeutas licenciados de todo el país eran demasiado caros o estaban saturados para aceptar nuevos pacientes. Así que estos empezaron a buscar soluciones con menos trámites. En 2022, el *New York Times* informó que los adolescentes que se autodiagnosticaban trastornos mentales en TikTok se habían convertido en un grave problema[31]. La vida estadounidense se había desorientado tanto a nivel psicológico que las paranoias marginales pasaban por sabiduría convencional: en julio de 2020, Pew Research determinó que el 20 % de los estadounidenses, tanto liberales como conservadores, sospechaban que el virus COVID-19 había sido fabricado, al menos parcialmente, a propósito[32]. Una encuesta de NPR/Ipsos reveló que el 17 % de los encuestados creía en la afirmación de QAnon de que «élites adoradoras de Satán que dirigen una red de sexo infantil están tratando de controlar nuestra política y los medios de comunicación», y otro 37 % dijo que «no sabía» si el mito era cierto o no [33]. El vocablo «conspiritualidad», una palabra compuesta uniendo «teoría de la conspiración» con «espiritualidad», pasó de ser un término académico de nicho a un tema de debate popular en artículos de opinión de revistas y pódcast de primera línea. El 6 de enero de 2021, el «chamán QAnon» saltó a los titulares por invadir el Capitolio de Estados Unidos con un tocado de cuernos y el cuerpo pintado con imágenes de arte pagano. De repente, la imagen antes insondable de madres jóvenes con túnicas teñidas a mano marchando hombro con hombro con negacionistas del Holocausto —todos unidos en la lucha por un «cambio de paradigma» que se aleje del complot totalitario del gobierno— se convirtió en un arquetipo ampliamente reconocido, nuestra nueva realidad.

Cuando la Doctora de la Manifestación saltó a la fama, la confianza en el sistema sanitario estadounidense, que se suponía que debía mantenernos a salvo de plagas mortales, se había resquebrajado tanto que muchos ciudadanos ni siquiera querían psiquiatras convencionales. Estaban hartos de los trámites burocráticos, las pólizas de seguros y los asesores médicos indecisos con trajes de dos mil dólares. Querían una voz populista afín que hablara su idioma y a la que pudieran acceder de manera gratuita a través de sus teléfonos, que les dijera en términos concretos que había una gran razón para sentirse fatal y por la que el mundo no podía respirar, y no una miscelánea desordenada de pequeñas razones diferentes para cada ser humano. Los consumidores se aferraron como crías de marsupiales a este grupo de personas influyentes que con sus definiciones de «trauma no resuelto» les brindaban a los seguidores una causa de magnitud proporcional para la angustia que sentían.

El término «teóricos de la conspiración» no suele desencadenar imágenes de terapeutas queridos con contratos de libros y seguidores famosos. Hasta hace poco, tenía la impresión de que los teóricos de la conspiración eran *inceles* (célibes involuntarios) con peinado de cola de rata y obsesiones por los ovnis, o Karens adictas a Facebook que piensan que los aceites esenciales son un rasgo de personalidad y que las vacunas te hacen gay. Suponía que los teóricos de la conspiración no tenían amigos ni trabajo, y mucho menos títulos de universidades prestigiosas, millones de seguidores o grandes contratos editoriales. Que se pasaban el día en la página web 4chan, intercambiando «pruebas» de que el alunizaje fue falso, el atentado a las Torres Gemelas fue un trabajo desde dentro, el cambio climático es un engaño, la CIA mató a JFK, la Casa Real mató a la princesa Diana, Avril Lavigne está muerta, Steve Jobs está vivo y Katy Perry es en realidad JonBenét Ramsey de mayor. Están convencidos de que la Tierra es plana y Bill Gates un satánico, y los estudios que refutan sus «teorías»* no son convincentes, porque los científicos son lagartos con la mente controlada.

Todos estos ejemplos llaman mucho la atención. Sin embargo, sea cual sea su tinte político, una teoría de la conspiración puede definirse como una narración que da sentido a algún giro confuso de acontecimientos ofreciendo una explicación satisfactoria. Tales incidentes pueden ser globales o personales, cualquier cosa, desde una pandemia hasta un colapso financiero o un momento repentino de depresión. En 2019, un estudio británico sobre la bibliografía existente acerca del sesgo de proporcionalidad recogió que «las explicaciones pequeñas y mundanas de acontecimientos importantes»[34] (por ejemplo, la princesa Diana murió porque el conductor de su limusina estaba borracho y circulaba a gran velocidad para evitar a los *paparazzi*) no suelen ser tan reconfortantes como las explicaciones más dramáticas (fue asesinada por el gobierno británico). Tanto en el espíritu como

---

* Siempre me ha parecido demasiado halagador el término «teoría» de la *conspiración*. La relatividad especial es una teoría. El Big Bang es una teoría. ¿Que los extraterrestres ayudaron a construir Stonehenge? No es una «teoría».

en la estética, la mente humana disfruta con las proporciones armoniosas: rostros que cumplen la proporción áurea, fotografía que sigue la regla de los tercios. Cualquiera que haya inventado una historia sensacionalista sobre el origen de un suceso importante —por supuesto, las historias negativas, como «Los laboratorios ocultan la cura del cáncer», pero también las positivas, como «manifesté mi éxito»— tiene una pizca de conspiranoico.

La selección natural favoreció una mentalidad paranoica. Para sobrevivir, el cerebro evolucionó en un entorno repleto de peligros invisibles e intenciones hostiles. La capacidad de detectar patrones llenos de sentido en un mundo patas arriba se convirtió en una fortaleza única de los seres humanos, pero a veces nos vamos demasiado lejos. Cualquiera es capaz de llegar a una conclusión demasiado simplista sobre la causa y el efecto si coincide con su visión preexistente del mundo. El mismo prejuicio que convence a los QAnoners de que las «élites» trafican con niños de manera encubierta es el que presiona a los fiscales para que dicten veredictos de culpabilidad rápidos y rimbombantes para los casos criminales de alto perfil, satisfaciendo así el ansia del público de culpar a un supervillano fuera de lo común. Pienso en el infame caso de Amanda Knox: en 2007, esta veinteañera nacida en Seattle estaba estudiando en Perugia (Italia) cuando su compañera de piso fue asesinada, un crimen por el que Knox recibió una condena muy veloz y ostentosa (la describieron como asesina «satánica», «obsesionada por el sexo» y «ojos de hielo»), a pesar de las flagrantes deficencias en las pruebas. Knox fue absuelta y liberada en 2011, pero un porcentaje escandaloso de la opinión pública europea sigue convencido de su culpabilidad. Gran tragedia, grandes ojos azules, gran repercusión en los medios, gran castigo. Su destino fue simplemente proporcional.

En un escenario más privado, el sesgo de proporcionalidad se manifiesta en nuestras vidas todos los días. Una conocida me contó que recita el mismo conjuro cada vez que sube a un avión porque, aunque en realidad no cree en la oración, no vale la pena saltarse el ritual para comprobar si está relacionado con su seguridad o no. Tras la muerte de su marido, Joan Didion se negó a regalar sus zapatos por una convicción espiritual de que, si los mocasines permanecían en su sitio, él podría volver. No me considero una persona supersticiosa, pero cada vez que experimento un golpe de suerte tonto, mi inclinación natural es asumir algún razonamiento astral detrás, como que la única «razón» por la que encontré veinte dólares en mi bolsillo o me ofrecieron un éclair gratis en la cafetería esta mañana fue porque dejé a alguien cruzar delante de mí en la hora punta de camino hacia allí. En casi todos los casos, parece que no podemos descansar hasta que encontramos alguna fuerza intencionada a la que culpar de nuestra desgracia o a la que atribuir el mérito de nuestro éxito. Cuanto mayor es el efecto, mayor deseamos que sea la causa. La paranoia es una disposición rentable. Mientras que la creencia de que nuestro gobierno dirige laboratorios clandestinos de control mental puede ser un poco inverosímil para la mayoría, se puede construir una marca entera sobre la sugerencia de que tu propio cerebro enfermo es el culpable de tu mala salud y de la disminución de tu cuenta bancaria. Durante la crisis de salud mental de principios de la década de 2020, cientos de marcas de bienestar «holístico» se aprovecharon de manera grosera del sesgo de proporcionalidad del público. En el encierro por el virus de COVID-19, una amiga cercana se unió a To Be Magnetic (Ser mágnetico), un programa de autoayuda dirigido por Lacy Phillips, una actriz que lucha por abrirse camino convertida en «asesora de manifestación neural». Phillips, que no tiene ningún tipo de acreditación como terapeuta pero sí muchos sombreros de ala ancha, afirma ser especialista en «desbloquear» tu «autosabotaje subconsciente» a través de «visualizaciones profundas», en las que los seguidores aprenden a «reprogramar viejos recuerdos» para «alinearse con lo que realmente desean».

En 2022 me enteré de la existencia de Peoplehood, un negocio «terapéutico pero que no es terapia» de los fundadores de SoulCycle* que organiza eventos grupales de intercambio de información, similares a una fiesta de pijamas y a una reunión de Alcohólicos Anónimos[35]. En Peoplehood, en las sesiones de una hora de duración, llamadas «*gathers*»**, se invita a desconocidos a desvelar sus miedos más oscuros y sus objetivos más elevados, pero no son supervisados por consejeros licenciados, sino por artistas contratados como «guías» y descritos por *The New York Times* como «bombas de carisma». El mismo año en que Peoplehood se puso en marcha, también lo hizo Munko, un exclusivo colectivo de artistas impulsado por NFT en Discord (qué tiempos estos para estar vivos). Fundado y dirigido por el controvertido artista David Choe, Munko invitaba a un público devoto, en su mayoría masculino, a «entregar» sus fracasos más vergonzosos y a curarse con los concisos consejos de Choe para superar la adicción y el odio a uno mismo. Y en otro ámbito New Age, inspiradores entrenadores (o *coaches*) de la vida como Jay Shetty y Gabrielle Bernstein transformaban su poder de convocatoria de culto en imperios multimedia. Con una licenciatura en teatro y el apoyo de Oprah, Bernstein escribió el bestseller del *New York Times El Universo te cubre las espaldas* y produjo pódcast sobre «cómo hablar con los ángeles» y convertirse en «un gran manifestador». Shetty, a quien solo se me ocurre describir como una «mujer empoderada en la piel de un hombre», es autor del

---

* SoulCycle es una cadena de estudios de fitness que se centra en clases de ciclismo en grupo. Estas clases suelen llevarse a cabo en un ambiente oscuro y con música energizante. SoulCycle ha ganado popularidad por ofrecer una experiencia única, que combina ejercicio cardiovascular intenso con elementos de motivación y espiritualidad *(N. de la T.)*.

** «gathers», viene del verbo «gather», que significa reunir, juntarse, pero no se utiliza en general para decir reunión. La palabra más común sería «gatherings» *(N. de la T.)*.

éxito de autoayuda *Piensa como un monje* (aunque él mismo no es un monje), y declara en JayShetty.Me que su propósito es «hacer que la sabiduría se vuelva viral».

Esta es solo una pequeña muestra de los personajes influyentes en salud mental que han encontrado un público moderno, por no hablar de todos los aspirantes. Mientras escribía este capítulo, inquieta e insegura de que mi argumento tuviera sentido, consulté mis notificaciones de Instagram y encontré un nuevo comentario de una cuenta llamada @priestess_naomi_ (sacerdotisa_naomi_). La foto de perfil mostraba a una mujer blanca con extensiones rubias serpenteantes y un bindi de diamante de imitación. Su biografía decía: «Sanadora, terapeuta de bioenergía pura, experta en almas gemelas y llamas gemelas, *coach* espiritual, madre de uno, hija de la luz». El comentario de la sacerdotisa: «Veo gloria y bendiciones en ti y estás destinada a la grandeza desde tu nacimiento. Tengo un mensaje importante, pero necesitaré tu permiso sincero para proceder porque tus ancestros han estado intentando llegar a ti revelándote algunas señales, quizás a través de tus sueños, o los números repetidos que ves normalmente (222,4:44,1111,15:15)… También veo que tu garganta y energía sacra están bloqueadas. Así que, querida, por favor responde una vez que recibas este mensaje con una foto de la palma de tu mano derecha si quieres saber el mensaje que tengo para ti. Namasté». A veces, después de darle vueltas a una idea hasta la saciedad, empiezo a pensar que he perdido la cabeza y no tengo nada que decir. Podría llamar a este comentario de la sacerdotisa Naomi «una señal del universo» para seguir escribiendo. Solo tuve que mirar Instagram para encontrarla.

Mientras que el gusto de los hombres por las teorías de la conspiración suele apuntar hacia los ovnis y las cábalas satánicas, las mujeres cultas son más proclives que nadie a abrazar los conceptos New Age, como los baños de luna, la curación con cristales y las técnicas de manifestación, incluida la ley de la atracción.* Combinando misticismo con palabras polisilábicas del DSM** que se pusieron de moda, como «disregulado», «vías neurales», «epigenética» y «respuesta vasovagal», estas enseñanzas parecen un perfecto cruce entre una lectura del tarot y un diagnóstico médico. A primera vista, las promesas de autocuración parecen poderosas. Mientras que las teorías conspiratorias clásicas sitúan el centro de control de los seguidores fuera de ellos mismos, culpando de lo que ocurre a fuerzas externas (el gobierno, las «élites»), la manifestación devuelve el centro de control al individuo. Esta vuelta de tuerca me parece aún más insidiosa. La mayoría de las teorías conspirativas sostienen que un misterioso mal exterior intenta controlarte. Por el contrario, la terapia conspirativa dice que la fuerza maligna es tu propia mente.

La «autocuración» es una abstracción de la Nueva Era que mercantiliza la enseñanza budista tibetana de que todos creamos nuestro propio destino. El principio original dice que quizá no podamos controlar a otras personas o acontecimientos, pero que con nuestras propias reacciones podemos mitigar el sufrimiento. Uno de los problemas de la reversión de este principio, creada a la perfección para Instagram, es que puede llevar a centrarse en la responsabilidad personal de manera obsesiva. Un mensaje clave de la terapia conspirativa gira en torno a los peligros universales

---

* Surgida a finales del siglo XIX a partir del movimiento del Nuevo Pensamiento, esta perspectiva pseudocientífica sostiene que los pensamientos positivos o negativos provocan experiencias positivas o negativas. Muchos exitosos libros de autoayuda se basan en esta «ley», como *El poder del pensamiento positivo*, de Norman Vincent Peale (pastor de la infancia de Donald Trump), de 1952, y el super bestseller de 2006 *El secreto*, de la productora de televisión australiana Rhonda Byrne, convertida en la diva espiritual más famosa del mundo.

** «DSM: Diagnostic and Statistical Manual of Mental Disorders» se traduce como «Manual Diagnóstico y Estadístico de los Trastornos Mentales». Es una publicación de referencia en el campo de la psiquiatría y la salud mental, producida por la Asociación Americana de Psiquiatría (APA) *(N. de la T.)*.

del «trauma», entendido, de forma simplista, como heridas no curadas de la infancia. Ciertas personas influyentes han exagerado la relación entre el trauma no resuelto y la enfermedad (una enseñanza que empieza a ser especialmente espeluznante cuando se consideran, por ejemplo, los cánceres infantiles). Esta actitud simplista hacia el sufrimiento descarta los factores sistémicos, como el racismo médico o la pobreza generacional, así como las desgracias fortuitas, que pueden ser traumáticas o no. Del mismo modo, sobrevalora los esfuerzos personales para obtener buenos resultados.

La tendencia a explicar problemas complejos con doctrinas metafísicas se denomina a veces «desvío espiritual»[36]. De forma encubierta, esta perspectiva disuade a la gente de buscar ayuda externa, ya sea con medicación o incluso el apoyo de sus seres queridos, ya que se basa en el principio de que solo tú puedes atraer o repeler la desgracia. La popularidad de esta tendencia ha dificultado el trabajo clínico de los psicólogos. El Dr. Suraji Wagage, psicólogo clínico licenciado con sede en Los Ángeles, me dijo en 2023 que tratar trastornos como el TOC, el TEPT y la depresión «es (y ha sido) más difícil» cuando los pacientes se presentan a la terapia individual con «estereotipos inexactos, a veces insultantes, sobre lo que estos trastornos significan». Eso sucede si el paciente consigue salir de las redes sociales. En lugar de proporcionarles un paquete de recursos útiles para que los seguidores los lleven al mundo real, algunas cuentas de salud mental establecen una dinámica de poder al estilo gurú. «De entrada, puede parecer que están proporcionando información al lector, pero se corre el riesgo de crear una especie de dependencia psicológica del creador de contenidos… Si te enseño a pensar por ti mismo, ya no me necesitas y me quedo sin trabajo», afirma la Dra. Dena DiNardo, psicóloga licenciada y terapeuta familiar de Pensilvania. Pero estas consecuencias no son obvias a primera vista. A menos que seas un profesional calificado, es posible que ojees una atractiva secuencia de imágenes con explicaciones sobre la teoría del apego posteado en las redes sin captar la actitud conspirativa entre líneas.

Un nuevo seguidor de la Doctora de la Manifestación quizá no descubra de inmediato que su nueva experta en bienestar favorita está vinculada a una camarilla de teóricos de la conspiración mucho más violentos. A unos pocos clics de distancia de su sección de comentarios, que está muy bien vigilada, aparecería una inquietante subtrama: al establecer su marca y su página web, la Doctora de la Manifestación siguió el ejemplo de Kelly Brogan, conocida como la «Psiquiatra Holística». El Center for Countering Digital Hate (Centro para contrarrestar el odio digital), una organización británica sin fines de lucro, incluyó a Brogan entre las figuras llamadas «Los doce de la desinformación», un grupo de doce personas responsables de difundir en Internet el 65 % de toda la desinformación relacionada con las vacunas[37]. Brogan ha afirmado sin rigor científico que los enemas de café tratan la depresión y que las enfermedades infecciosas están causadas por enfermedades mentales y no por agentes patógenos (de forma controvertida, también fue «experta en medicina funcional» y «colaboradora de confianza» de Goop, de Gwyneth Paltrow). A lo largo de la pandemia, la Doctora de la Manifestación apoyó abiertamente el contenido de extremistas de derecha, como Sean Whalen, un influencer de los derechos de los hombres y propietario de la marca de ropa Lions Not Sheep (Leones no ovejas), conocida por sus camisetas con el mensaje «*Give Violence a Chance*» (*Démosle una oportunidad a la violencia*), que recibió una multa de 211.000 dólares de la FTC (Comisión Federal de Comercio de los EE. UU.) por contener etiquetas falsas que decían «Hecho en EE. UU.»[38]. A menudo Whalen sale fotografiado sosteniendo ametralladoras, o publica imágenes de Jesús portando ametralladoras, y respaldó la idea de la «masculinidad real» como prevención contra el COVID, declarando que las mascarillas médicas eran para «pendejos maricones». En 2021, el encargado de medios de comunicación de la Doctora de la Manifestación pasó muchas semanas promoviendo una campaña de *crowdfunding* (financiamiento colectivo) para que el propietario de un gimnasio de Míchigan y negacionista del Holocausto pagara las multas estatales en las que había incurrido tras establecer la norma de «no se admiten mascarillas» en su gimnasio y prometer membresías gratuitas a cualquiera que renunciara a la vacunación.

No todos los miembros de un grupo terapéutico de la Nueva Era acabarán en el extremo de «no se admiten mascarillas». Sin embargo, la doctrina que sostienen sigue siendo peligrosa debido al funcionamiento de las teorías de la conspiración. Cuando una figura influyente quiebra tu fe en una idea fundacional —ya sea tan amplia como «los medios de comunicación» o tan específica como «los antidepresivos»—, la sospecha se filtra como una raíz podrida. El conspiracionismo radical puede empezar con «el arte de la autocuración», pero de ahí al «movimiento de concientización sobre las vacunas» no hay mucho trecho, y antes de que te des cuenta, bueno, ¿cómo sabemos que el alunizaje no fue una farsa?

Estos riesgos no son teóricos. Hablé con algunos de los primeros admiradores de la Doctora de la Manifestación, para quienes la cuenta acabó siendo una puerta de entrada directa a QAnon. Como Heather, una madre primeriza de Utah, que encontró a la Doctora de la Manifestación en 2019. En ese momento, la cuenta solo tenía unos cincuenta mil seguidores. Heather estaba luchando contra la depresión posparto y no tenía mucho apoyo. Hija de padres ausentes y adictos, se sintió atraída por las sucintas charlas sobre la codependencia, la teoría del apego y la idea de que uno podría rehacer su propia química cerebral como quien arma un aparador de IKEA. «Intentaba comprender mi educación disfuncional mientras me enfrentaba a la maternidad», explica. «El relato me hizo sentir empoderada: había una razón por la que estaba sufriendo».

Unas semanas después de empezar a seguir a la Doctora de la Manifestación, Heather le habló sobre la cuenta a su padre pensando que le podría gustar. Después de haber pasado una infancia tumultuosa en la Iglesia de los Últimos Santos y haber entrado y salido de rehabilitación durante su adultez, su padre estaba por fin sobrio durante el tramo más largo de su vida. Había empezado terapia y antidepresivos por primera vez. «Empecé a ver brillo en sus ojos», recuerda Heather. Comprometido con su nuevo viaje de curación, creó una cuenta de Instagram solo para poder seguir a la Doctora de la Manifestación. Nunca antes había utilizado las redes sociales. «Ahora me siento muy culpable», dice ella. En seis meses, su padre había entrado en las aguas de QAnon. Si las teorías conspirativas de extrema derecha eran el océano abierto, los algoritmos de las redes sociales eran la marea, y las publicaciones de la Doctora de la Manifestación eran tentadoras olas cerca de la costa. La situación dio un giro cuando el padre de Heather se unió al «Círculo de Autoempoderamiento», la comunidad de suscripción en línea de la Doctora de la Manifestación. Por veintiséis dólares al mes, los manifestantes devotos al parecer podían aprender sobre la versión más transformadora de «la curación». Su padre se alistó y dejó de tomar la medicación poco después. «En el mundo de la Doctora de la Manifestación, [los antidepresivos] embotan los sentidos», recuerda Heather. Su padre anunció que ya no necesitaba terapia porque en su lugar estaba haciendo «la curación». «Sea lo que sea "la curación"», dijo ella, «nunca nos dio una respuesta certera».

Un fin de semana de mediados de 2020, el padre de Heather fue con ella y sus hijos de acampada. Mientras estaban sentados alrededor del fuego, le preguntó si había oído hablar de las «élites que beben sangre para mantenerse jóvenes». Heather contó: «Se paró y me miró como si yo fuera la loca que no se había "despertado" a todo esto». Poco después de aquel viaje, la vida de su padre se vio consumida por completo por las teorías conspirativas de derechas. La última vez que Heather lo vio fue en Acción de Gracias de 2020. «Sigue muy desconectado de la realidad», comentó. «El brillo que tenía en los ojos se ha ido».

En las dos décadas entre el atentado de las Torres Gemelas y la pandemia del virus COVID-19, la paranoia se tendió a través de la moral de Estados Unidos como un hongo. En 2018, el MIT descubrió que las historias verdaderas tardan seis veces más en llegar a 1500 personas en Twitter que las falsas[39]. Eso se debe a que «las noticias falsas son más novedosas, y es más probable que la gente comparta información novedosa. Las personas que comparten esa información son consideradas conocedoras», afirma Sinan Aral, coautor del estudio[40]. A los conspiracionistas no les motiva compartir hechos matizados, sino contenidos que los presenten como sabios supremos. Sentimientos unilaterales como «explicarse en exceso es una respuesta traumática derivada de un miedo al conflicto no resuelto en la infancia» son mucho más atractivos que «la gente justifica sus actos de distintas maneras por distintas razones» o «todos los sucesos traumáticos son estresantes, pero no todos los sucesos estresantes son traumáticos». Además, las investigaciones sobre transmisión de la información sugieren que las personas con mayor ansiedad son más rápidas para comprometerse con la información negativa y más lentas para desvincularse de ella; por tanto, «como rasgo y estado», la ansiedad perpetúa por sí misma el pensamiento paranoico.

No cabe duda de que existen terapeutas de las redes sociales con intenciones puras y técnicas cuidadosas. Son francos sobre qué publicaciones contienen hechos y cuáles anécdotas, y su presencia ayuda a desestigmatizar la salud mental. Sin embargo, algunos expertos siguen sintiéndose incómodos con la mezcla de salud mental y creación de marca. «Los terapeutas están tomando las riendas en la creación de su marca, pero el problema es la falta de control y equilibrio», afirma DiNardo. La mezcla de medicina y *automarketing* es una extraña revelación moderna. Desafía la «norma de no publicidad» del Código de Ética original de la Asociación Médica Estadounidense, redactado en 1847 y que ha permanecido inalterado durante más de un siglo[41]. La Administración de Alimentos y Medicamentos tiene autoridad para castigar a médicos famosos cuando difunden información errónea, como hizo en 2011 cuando la superestrella televisiva Dr. Oz afirmó que había niveles peligrosos de arsénico en el zumo de manzana, lo que provocó un pánico innecesario entre las madres de todo el país. Pero, a diferencia de los médicos famosos, no hay una forma clara de tomar medidas contra los psicólogos que tienen seguidores como si fueran una secta.

La mala praxis dentro del ámbito de la salud del comportamiento, según el Dr. Aaron Weiner, es «un concepto muy difuso». Con la psicoterapia, no existen los mismos algoritmos de tratamiento que se utilizan para diagnosticar y tratar, por ejemplo, una infección o un dolor de espalda. «Si alguien tiene licencia para ejercer la terapia en el estado, básicamente puede hacer lo que quiera», dijo Weiner. Incluso si pregonan consejos perjudiciales y se presenta una denuncia ética, a menos que haya habido una clara infracción legal, como una agresión sexual, es difícil retirar la licencia a alguien. El éxito de marcas como Peoplehood, To Be Magnetic (Ser mágnetico) y la Doctora de la Manifestación demuestra que la acreditación no siempre importa. Y buena suerte pidiendo cuentas a un influencer por practicar una mala «terapia». En lo que respecta a las empresas de medios en redes sociales, cuantos más charlatanes del bienestar virales, mejor. «Es de verdad un problema», continúa Weiner. «Y se enlaza con la pregunta de: ¿necesitamos más personas que controlen sobre temas de salud mental?».

Los influencers de salud mental alternativa son atractivos, porque la mayoría de ellos tienen buenas intenciones y la razón en muchas cosas. Las creencias sobre uno mismo *sí* influyen en los resultados. Está demostrado que la espiritualidad *sí* aumenta la resiliencia. *Se pueden* modificar las reacciones ante determinados factores de estrés. Las grandes farmacéuticas *han* cometido graves errores. Algunos medicamentos *se han* recetado de forma irresponsable. Las poblaciones marginadas tienen innumerables motivos para desconfiar del sistema de salud mental. Y necesitamos traductores que bajen los conceptos psicológicos de las altas esferas académicas al público. «Las mentiras más fáciles de creer son las que más se acercan a la verdad», dijo Weiner, que comparó la caída en una madriguera conspirativa con la adicción a las drogas. «Pocas personas empiezan inyectándose heroína, pero si consumes drogas recreativas, al final puedes llegar a eso», dijo. «Eso puede ser parte de lo que estamos viendo con la pseudopsicología espiritual. A base de pequeñas dosis que crecen de manera imperceptible, te abres camino hacia algo que nunca habrías creído si te lo hubieran propuesto desde el principio».

En 2018 fui a terapia por primera vez. Acababa de salir de una relación en la que había desarrollado una serie de malos hábitos de comunicación: aversión a la confrontación, actitud defensiva. Quería aprender a minimizar ese bagaje para mis futuras relaciones. Después de probar con varios terapeutas, acabé encontrando el adecuado para mi carácter, pero nunca olvidaré a la primera profesional que conocí porque, y perdonad mi franqueza, me pareció una imbécil. Con sede en Venice, California, el consultorio de la asesora estaba adornado con cuentas y piedras con cristales, y en un momento dado mencionó el yoga con cabras como tratamiento para el TEPT. Me habían recomendado a esta terapeuta, así que estaba claro que congeniaba con alguien, pero solo necesité una sesión de ciento setenta y cinco dólares para llegar a la conclusión de que no era para mí. Eso es lo que pasa con la terapia individual: sabes con exactitud de dónde procede la información, porque puedes ver a la persona que tienes delante con tus propios ojos. No es una «marca». Es un profesional licenciado, que (con suerte) presta mucha atención a tus necesidades individuales y responde en consecuencia lo mejor que puede. Y lo más probable es que hayas pagado más de lo que quisieras por ese honor, así que, si su estilo te desagrada, tu tolerancia no va a ser muy alta. Pero en el buffet libre de Internet, donde elegir lo que más te gusta es tan fácil como mover el pulgar hacia arriba, se puede caer en una espiral de delirios conspiranoicos sin darse cuenta. El sesgo de proporcionalidad hace el trabajo. Y aunque añadir más prescripciones médicas no solucionará de por sí todos los problemas mentales modernos, tampoco lo hará buscar alternativas en los espacios artificiales que son responsables de haberlos inflado en primer lugar. Pagarle a un desconocido adinerado veintiséis dólares al mes por su dudoso curso *online* de manifestación no es más que una versión del síndrome de Estocolmo.

Lejos de la terapia de Instagram, en ciertas culturas indígenas colectivistas percibir la intencionalidad en el entorno no fomenta la paranoia sobre el universo, sino la armonía con él. Esta perspectiva, llamada «animismo», propone que un árbol no es un mueble sin alma; es más parecido a un compañero de habitación, o incluso a un padre. Todas las cosas de este mundo tienen una «identidad» innata, que está conectada con todas las demás, y si no se respeta se corre el riesgo de quebrar la economía cósmica de la naturaleza. Laura Giles, trabajadora social clínica licenciada en Virginia, sugiere que atribuir intencionalidad a los acontecimientos y objetos externos —pensar que las flores no «quieren» ser recogidas, que el auto «te está diciendo» que necesita mantenimiento— es una forma natural y sana de interpretar el mundo. Pero puede corromperse. Si combinamos nuestro animismo orgánico con el capitalismo y la difusión de desinformación impulsada por la tecnología, obtenemos la conspiritualidad.

«Me voy a meter en problemas por decir esto, pero creo que la ley de la atracción se basa en gran medida en una fantasía, y no creo que debamos fomentarla», afirma Giles, que viene de una familia animista. Su madre emigró al sur de los Estados Unidos desde una comunidad indígena asiática y educó a su hija para que percibiera un espíritu animado en todas partes. «Los pensamientos crean la realidad, pero vivimos en un mundo físico y tenemos que obedecer las leyes de la naturaleza. No se puede hacer algo espiritual y esperar que se manifieste así tal cual en el mundo real», afirma.

La fundadora de To Be Magnetic, Lacy Phillips, afirma que su técnica de manifestación «patentada» está «respaldada por la neurociencia, la psicología, la EMDR, la epigenética y la energía, con un poco de espiritualidad por encima». Según ella, el método «se basa en elevar tu autoestima y dar un paso hacia tu verdadero y auténtico ser, reprogramando las creencias subconscientes limitantes que adquiriste durante la infancia y a lo largo de tu vida». La Doctora de la Manifestación define su práctica titular como «el sencillo proceso de atraer a tu vida lo que sea que quieras a través de tu intención. Todo lo que necesitas es un poco de práctica para alterar tu forma de pensar y empezar a crear de manera activa en lugar de recibir de manera pasiva lo que te sucede».

Con la simple intención de meter cizaña, también podría admitir que creo que la «manifestación» es a menudo poco más que una combinación del sesgo de proporcionalidad, el sesgo de confirmación más el *sesgo de frecuencia*. También conocido como «fenómeno Baader-Meinhof», el sesgo de frecuencia es un filtro de atención que explica la experiencia común de tomar nota de algo una vez y luego verlo una y otra vez de manera milagrosa. Escuchas una canción por primera vez y, de repente, está en todas partes. Tu músico favorito murió el 21 de abril y ahora los números 21 y 4 aparecen dondequiera que mires, una señal del más allá.* A menos que una figura «holística» de la salud mental se proteja de manera activa contra este poderoso trío de prejuicios, entonces estoy dispuesta a creer que de verdad sostienen su propia doctrina. Si estamos preparados para pensar que los grandes efectos tienen grandes causas, y para ver patrones donde sea que miremos, entonces por supuesto creeremos que la razón por la que el fracaso ya no nos persigue es porque aprendimos a controlar el destino del universo.

«El universo te cubre las espaldas» parece una afirmación positiva. Pero para mí no deja de ser una teoría de la conspiración, porque juega con la idea de que al universo le importa, que podría ir por ti si quisiera. A la naturaleza no le «importa» eso. Si tiene intenciones, no son humanas.

Pienso en las auroras boreales, esas cintas de neón caleidoscópicas que brillan en el cielo ártico en determinadas épocas del año. Las luces son tan magníficas que parecen montar un espectáculo para nosotros. Pero no son una película: son producto de la violencia y la defensa. Cuando las poderosas tormentas de viento solar se disparan desde el Sol hacia la Tierra como una catapulta eléctrica, la atmósfera superior de nuestro planeta actúa como un campo de fuerza invisible, protegiéndonos en la superficie. Cuando esos vientos chocan contra el tranquilo escudo de la Tierra se forma la aurora, y cuanto más peligrosa es la tormenta, más impresionante es el espectáculo de luces. Hay una guerra allá arriba, pero es bellísima en su

---

* He aquí un caso de conspiración en el sistema de salud[42]: el sesgo de frecuencia puede hacer que los médicos diagnostiquen una afección más veces solo porque han leído sobre ella de manera reciente. En 2019, un estudiante de Medicina llamado Kush Purohit envió una carta de preocupación sobre el sesgo de frecuencia al editor de la publicación *Academic Radiology*, informando que después de enterarse de una afección llamada «arco aórtico bovino», justo descubrió tres casos en las siguientes veinticuatro horas.

brutalidad. La naturaleza hace lo que hace, y a veces es destructiva, pero no es su intención. No «significa» nada en absoluto. El significado es *nuestro* trabajo.

Por supuesto, podemos tener nuestra lente espiritual, pero si es demasiado opaca no podremos ver lo que ven los demás. En su libro *El mito de la normalidad*, el Dr. Gabor Maté, especialista en trauma, escribió: «Estamos inmersos en el mito normalizado de que somos, cada uno de nosotros, simples individuos que se esfuerzan por alcanzar objetivos privados. Cuanto más nos definimos así, más nos alejamos de los aspectos vitales de quiénes somos y qué necesitamos para estar sanos»[43].

¿Y si el universo no está a favor o en contra de nosotros? ¿Y si no es tan grave? ¿Y si la pastelería ha hecho demasiados éclairs y solo me han regalado uno para que no se desperdicie? Cualquiera sea el caso, el sabor de la ganache de chocolate sigue siendo pura magia.

3

UNA RELACIÓN TÓXICA ES UNA SECTA DE UNA SOLA PERSONA

Una nota sobre la falacia del costo hundido

> Amar a alguien es… meterse en su historia… Nos contamos historias para vivir, o para justificar el hecho de que alteramos vidas, incluso la nuestra.
>
> REBECCA SOLNIT, *The Faraway Nearby*
> (*El Lejano Cercano*)[44]

Esta es la historia de lo más irracional que he hecho en mi vida. También es un intento de darle sentido, incluso de perdonármelo.

Se ha escrito mucho desde la psicología y la autoayuda tratando de explicar los patrones de comportamiento verdaderamente desquiciados que los seres humanos exhiben para defender sus relaciones románticas, incluyendo, en especial, a las horribles. Las relaciones de pareja pueden ser pura desgracia y, aun así, muchos de nosotros parecemos alérgicos a terminarlas. A modo de explicación, se habla de traumas y ciclos de abuso. Se habla de autoestima destruida y miedo a las represalias. Y, entre los economistas del comportamiento, se habla de la *falacia del costo hundido*: la convicción arraigada en lo profundo de que si gastamos recursos que no se pueden recuperar —dinero y tiempo, pero también recursos emocionales, como secretos y esperanza— se justifica que sigamos gastando aún más[45]. Fue este razonamiento el que me ayudó a encajar las piezas de lo que nunca fui capaz de entender sobre mi decisión de permanecer en una relación que me causó un gran sufrimiento durante siete de mis años de formación.

Leer la literatura no cambia lo que ocurrió, pero los hechos son alentadores como para que puedan cambiar lo que pase después. «Desde pequeña me habían enseñado que, en tiempos difíciles, tenía que leer, aprender, desarrollarme. La información era el control», dijo Didion[46]. O al menos la ilusión de control. Cuando se fijan los ojos con atención en una esquina de una ilusión de deriva periférica, el efecto de olas psicodélicas se detiene. Solo entonces puedes empezar a ver lo que tu cerebro no quería ver al principio. Solo entonces puedes seguir adelante.

En mi defensa, era tan joven cuando empezó el bombardeo amoroso que mi capacidad racional estaba limitada a nivel fisiológico. Mis mejillas aún eran redondas como bolas de nieve, mis pecas afiladas como agujas de cactus, como si estuvieran en resolución 4K, una tecnología que aún no se había inventado, porque era 2010 y yo estaba en la escuela secundaria.

Conocí al hombre dos meses después de cumplir dieciocho años y dos meses antes de graduarme. «El hombre»; así me refiero a mi ex de toda la vida, el señor mayor cuyo nombre no menciono si puedo evitarlo. He intentado inventarme nombres en clave para él, en parte para mantener su anonimato, pero también porque decir el verdadero aún me produce náuseas. Mis nervios recuerdan el surtido de vocales y consonantes, la tensión que conllevaban. Un seudónimo engaña al cuerpo. Hace unos años, le puse el seudónimo de «Sr. Mochila», en parte porque estaba obsesionado con el senderismo, pero también porque la etiqueta parece neutral y no amenazadora, como un personaje secundario de un programa infantil de televisión. Simbólicamente también me sirve de pista, porque nuestra relación sigue pesando sobre mis hombros, y estoy deseando que llegue el día en que por fin pueda quitarme el peso de encima, desatarme las botas y reírme a carcajadas de la vez que casi me tropiezo y caigo por un precipicio emocional. Las cosas con el Sr. Mochila empezaron en mi último año de instituto, justo cuando mi esperanza adolescente en el futuro estaba en su punto álgido de madurez, como una fruta espinosa y torpe por fuera, pero blanda y rebosante de dulzura por dentro, como una yaca. Todavía vivía con mis padres, pero estaba a punto de irme a la Universidad en Nueva York, la gran isla eléctrica donde siempre había planeado pasar mi vida adulta. Quería que algo desenfrenado y emocionante me sacara de la lista de espera y me metiera en el siguiente vuelo.

El carismático hombre mayor parecía un piloto, ofreciéndome un asiento en primera clase. El señor Mochila tenía veintinueve años, un ingenio agudo y ojos de acero. Era el hermano mayor de mi mejor amiga, así que, como era de esperar, me enamoré de él. Tenía una barba muy corta y la piel pálida como la de un escocés irlandés, con más tatuajes y cicatrices que los chicos con cara de niño de mi edad, y esos ojos que se arrugaban cuando me decía que yo tenía algo especial que decir al mundo y que él sería quien me ayudaría a descubrirlo.

Nuestro flirteo empezó por mensaje de texto mientras yo me preparaba para los exámenes finales y él trabajaba en el rodaje de una película en California, donde vivía. En ese momento, sin embargo, no me di cuenta de que estábamos «flirteando». En realidad, ya me había cruzado con el señor Mochila una vez, un año antes, cuando todavía me quedaba un año para terminar el instituto, en casa de mi amiga durante una de sus visitas anuales.

Entonces yo tenía el pelo más largo y aún era virgen, así que era como si hubiera conocido a otra persona. Recuerdo cómo agitaba los hielos en el whisky. Recuerdo sus historias exageradas sobre la productora de Hollywood adicta a la cocaína que le había encargado que cuidara a su perro cockapoo, y sobre el plató de filmación de gran presupuesto en el que asistía a un editor de cine cuyo nombre fingí reconocer. Recuerdo lo intimidada que me sentí y las ganas que tenía de impresionarlo. Medio año más tarde, estaba en una fiesta de pijamas durante las vacaciones de primavera cuando, drogada con nada más que el estupor de las tres de la mañana y demasiada Coca-Cola light de cereza, le robé a mi amiga el número del señor Mochila de su teléfono. Le envié un mensaje de texto en tono de broma diciendo que era la hora feliz en algún sitio. Cuando me respondió, supuse que al hermano mayor de mi amiga le había parecido divertido y había tenido la amabilidad de seguirme la corriente con unas cuantas bromas.

Incluso después de que los mensajes de texto se convirtieran en largas llamadas telefónicas nocturnas, nunca pensé que pudiera tratarse de otra cosa que de una amistad improbable. Al fin y al cabo, ¿por qué un hombre de casi treinta años con un trabajo y una vida a cinco mil kilómetros de distancia querría algo más de alguien cuyo mayor logro en la vida tenía que ver con un examen de nivel para entrar a la universidad?

A las pocas semanas, el señor Mochila me anunció por teléfono que estaba «interesado en mí de manera romántica». Mis tripas cayeron en picado. «Ponte a la cola», bromeé, intentando hacer como si nada. En realidad, estaba en el sótano de mi infancia, donde siempre atendía estas llamadas clandestinas, mirando un retrato de mis abuelos, de ocho por diez, blanqueado por el sol, sintiendo que me salía de mi cuerpo. Nunca había tenido novio. «¿Qué estamos haciendo, Amanda?», me preguntó. Para guardar las apariencias, fingí que siempre había participado en el coqueteo. ¿Quién era yo para rechazarlo?

Al día siguiente de mi baile de graduación, voló a la Costa Este para llevarme a escondidas a una habitación de hotel durante el fin de semana, donde tuvimos sexo: era la tercera vez en mi vida. Borracha con media copa de champán, intenté parecer experimentada e imperturbable, aunque no creo haberlo conseguido. No podía ocultarlo: era una cría. Pero estoy segura de que eso era la mitad del atractivo. Me parecía genial que pudiera comprar alcohol de manera legal y reservar una habitación de hotel él solo.

La primera vez que el señor Mochila me dijo que me amaba, yo estaba fuera de mí. No sabía lo que se suponía que era el amor romántico, pero me preocupaba que esta fuera la única oportunidad de experimentarlo. Así que yo también le dije que lo amaba. Poco después, llegamos a un acuerdo: si queríamos darle una oportunidad a lo nuestro, tendría que mudarme de Nueva York a Los Ángeles en cuanto terminara la universidad. Así que, aunque acababa de empezar mi primer año, apagué sin problema la vela de mi sueño de convertirme en escritora literaria en Manhattan y encendí una nueva para nuestro futuro juntos en California. Él ya tenía toda una vida allí. Y odiaba Nueva York. Me acomodaría. No podíamos romper ahora. Quedaba tanto por hacer. No teníamos nuestra «canción». Yo nunca había tenido un orgasmo. Mis amigos no nos «entendían». Seguramente esas experiencias estaban por venir. ¿No?

Durante los tres años siguientes, en lugar de salir con mis amigos de la universidad los fines de semana y recargar pilas en casa durante las vacaciones semestrales, volaba a Los Ángeles para estar con el señor Mochila. A pesar de que mis mentores me lo desaconsejaban, me gradué rápido para poder reunirme con él cuanto antes.

En retrospectiva, es obvio lo sectaria que era nuestra dinámica: la atención exagerada y las falsas promesas, los duros castigos cada vez que cuestionaba sus opiniones o decisiones, el alejamiento de mi vida anterior. Aunque no lo reconocería hasta más tarde. En aquel momento, era demasiado inocente para darme cuenta de las señales de alarma: la forma en que hablaba de sus exnovias como si todas fueran traidoras maliciosas («no puedo convertirme en una ex más», me dije); cuando me advirtió en nuestro primer viaje juntos en 2010, mientras sostenía en la mano una botella de Jack Daniel's cada vez más vacía, que era una «persona muy temperamental» y que debía prepararme para el siguiente bajón; la rara visita que me hizo en Nueva York en mi segundo año, cuando se quedó en mi habitación para ahorrar dinero y se enfureció tanto por tener que firmar para entrar y salir en el mostrador de seguridad cada vez que iba a fumar que en el ascensor golpeó la pared a mi lado hasta que le sangró el puño. Nuestra relación era tan anormal, estaba tan sometida a escrutinio todo el tiempo, que nunca dije una palabra fea sobre ella, ni siquiera a mis amigos más íntimos. En parte por lealtad al señor Mochila, pero también porque estaba convencida de que, si dejaba constancia de mis desventuras, dejaría de ser la historia del amor extraordinario de un alma vieja y pasaría a ser la de una niña tonta que decidió tolerar los malos tratos. No quería que esa fuera mi historia.

No creo que el señor Mochila haya querido hacerle daño a nadie. No creo que haya considerado a conciencia nuestra dinámica de poder en absoluto. Pero después de mudarme a Los Ángeles, a medida que maduraba y me volvía más segura de mí misma, las escalas de poder cambiaron y él se volvió más desagradable. («Vete a la mierda» y «¿Escuchas lo estúpida que suenas?» eran frases a las que me acostumbré tanto que se convirtieron en ruido blanco). Me decía a mí misma que el dolor era parte de tener una relación así, que tenía suerte de que un hombre mayor y sabio me hubiera elegido. Y cuanto más tiempo permanecía, más desafiantes se volvían las cosas, y más fe depositaba en mis justificaciones. Parecía obligatorio. Tenía veinticinco años cuando pude al fin desertar.

Cuatro años después, a los veintinueve, la misma edad que tenía el señor Mochila cuando comenzamos a salir, por fin decidí realizar una autopsia de posruptura. *La información era control.* Me puse en contacto con una conocida psicóloga clínica llamada Dra. Ramani Durvasula, autora de varios libros, incluyendo *Should I Stay or Should I Go: Surviving a Relationship with a Narcissist* (¿Debo quedarme o debo irme?: Cómo sobrevivir a una relación con un narcisista). Durvasula explicaba que elegir seguir de largo y no ver las miles de banderas rojas de advertencia y sufrir durante años en una mala relación puede estar conectado a un modelo de inversión. «Las personas pueden pensar: "He invertido todo este tiempo, no quiero mirar atrás en veinte años y pensar que todo fue en vano"», me dijo. Un caso típico de falacia de costo hundido.

Cuando nos encontramos en medio de una situación donde estamos perdiendo, ya sea en una relación tóxica, un grupo espiritual explotador o algo tan trivial como una película aburrida, tendemos a perseverar, diciéndonos a nosotros mismos que la victoria que esperábamos está a punto de llegar en cualquier momento. De esa manera, no tenemos que admitir ante nosotros mismos que hicimos una apuesta equivocada y perdimos. La falacia del costo hundido emerge cuando te sientes obligado a terminar las diecinueve temporadas de la serie *Anatomía de Grey* a pesar de haber perdido el interés hace tiempo, porque ya vas por el episodio doscientos y ya pagaste la suscripción de la plataforma. O cuando estás perdiendo en el póker y decides decir «al diablo» e ir con todo, porque ya has puesto mucho sobre la mesa y no podrías lidiar contigo mismo si te retiraras. El sesgo está vinculado a la aversión a la pérdida, la alergia espiritual de los humanos a enfrentar la derrota.

Durante siete años, esperé a que mi relación con el señor Mochila mejorara, diciéndome a mí misma que si solo me comprometía un poco más, al final encontraríamos la dicha.

Me negué a aceptar que las cosas nunca volverían a ser como al principio o como prometieron que serían. Después de salir de ahí, me castigué por autoengañarme durante todos esos años. ¿Qué clase de persona que se precie se arrodilla frente a alguien que no le ha hecho sentir querida durante casi una década y le ruega que no se marche?

En 2019, un profesor de Filosofía de la Universidad Brown llamado Ryan Doody expresó su teoría de que, aunque la falacia del costo hundido puede ser técnicamente irracional en el contexto de modelos hipotéticos y resultados optimizados, esto no es del todo cierto en un contexto humano[47]. En un artículo titulado «La "falacia" del costo hundido no es una falacia», Doody planteó que es bastante razonable querer continuar un proyecto basado en el tiempo y la energía que ya has invertido en él, dada la motivación universal de querer dejar una impresión positiva sobre nuestro historial de toma de decisiones.

Ya sabemos que los humanos se desenvuelven mejor en grupos que por sí solos. Para construir un círculo deseable de contactos (amigos, colegas, seguidores), intentamos presentarnos en sociedad de manera atractiva. Si realizamos una secuencia de acciones que nos causan sufrimiento, como pasar muchos años en una relación abusiva sin que nadie lo note (Doody llama a esto «mala suerte diacrónica»), cuando un conjunto diferente de decisiones nos habría hecho más feliz, sentimos una tremenda vergüenza. No es tan descabellado pensar que admitir ese tipo de decisión puede sabotear tu valía social. Confesar tal error de cálculo podría llevar a los demás a pensar que eres un espíritu libre que no tiene idea de lo que quiere, o una persona incompetente que perdió una apuesta, y no una cualquiera, sino una sobre ti misma. Es aún más humillante estropear una apuesta relacionada con tus propias emociones (en lugar de algo externo, como una mano de póker), porque sugiere que ni siquiera eres predecible para ti misma, y eso inspirará muy poca confianza en los demás. Honrar los costos hundidos podría hacerte parecer más consistente, como si te conocieras bien y pudieras hacer predicciones astutas sobre tu felicidad, lo que podría presentarte como el tipo de jugadora que otros querrán en su equipo en el juego de la vida.

La mente humana está cableada para emitir juicios de valor. Un estudio de 2014 del *Journal of Neuroscience* encontró que nuestras amígdalas sacan conclusiones rápidas sobre si alguien parece digno de confianza o no antes de que sepamos quiénes son o incluso antes de que procesemos su apariencia por completo[48]. Pero no necesitamos estudios empíricos para saber lo críticas que son las personas, podemos sentirlo. Apenas estaba en preescolar cuando me di cuenta por primera vez de que debería resaltar mis éxitos y disfrazar mis errores si quería causar una buena impresión en los demás. Es probable que hayamos ingresado a la era más crítica de todos los tiempos, gracias a las aplicaciones de citas y las redes sociales, que hacen que la imagen de todos sea visible de maneras insoportables, sujeta al escrutinio severo de un número inagotable de miradas. En un clima tan crítico y competitivo, donde nuestro valor social es frágil y efímero, la gente tal vez sienta una presión adicional por esconder sus costos hundidos con el fin de no admitir que cometió un error. No hay duda de que este riesgo tan grande tiene relación directa con el hecho de que cada vez que mi relación con el señor Mochila estaba en su peor momento, publicaba en las redes las fotos más felices de nosotros dos juntos.

Para no perder nuestra valía a nivel social, todos nos sentimos incentivados a demostrar que sabemos lo que queremos y siempre lo hemos sabido, que somos expertos en evaluar los riesgos en la vida y en tomar decisiones acertadas en el camino. Para establecer tal reputación, cada uno de nosotros tiene la tarea de enfrentar un desafío creativo: juntar todas las elecciones que hemos hecho a lo largo de los años y crear una historia coherente y halagadora sobre quiénes somos. Hacemos esto casi de manera automática. No podemos evitarlo. Ahora que lo pienso, lo hago a lo largo de todo este libro.

Queremos que los demás crean una versión de cuento de hadas de nosotros, y también queremos creerlo nosotros mismos. A veces, dice Doody, aferrarse a tus costos hundidos termina siendo la manera más «sensata» de redactar el relato más exonerador de tu vida, porque te ayuda a enterrar cualquier punto desordenado de la trama o cualquier rasgo de carácter que podría pintarte como el villano (o el tonto del pueblo) en lugar del héroe. Doody sostiene que esta necesidad de tener el mejor tipo de parábola escrita sobre ti, de ser un personaje que otros querrán en su historia, está «universal y profundamente arraigada». Me animaría a especular que este anhelo se siente con más fuerza aún en los escritores, o soñadores en general, que están narrándose a sí mismos todo el tiempo. Si quedarse en una relación que sufre de mala suerte diacrónica aportará algo bueno a la historia, parece que a menudo pensamos «está bien, que así sea».

Es posible que al permanecer en mi relación con el señor Mochila durante tantos años haya dado la impresión de que tenía todo bajo control, y eso puede haber favorecido algún avance social o incluso profesional de una forma que nunca sabré. Pero de ninguna manera significa que tomaría las mismas decisiones si pudiera viajar en el tiempo, o que «no me arrepiento de nada» y que todo sucedió «por una razón». El arrepentimiento es una reacción natural a los tropezones del pasado, y reconocerlo puede ayudar a alguien a seguir adelante. Sé que así fue para mí.

Hay una cantidad sin fin de factores sociales que atrapan a las personas en relaciones tóxicas: las políticas del gobierno estadounidense que promocionan el matrimonio de manera innegable, los estereotipos sobre las solteronas que persisten en nuestra cultura y nuestros rígidos estándares de masculinidad alfa (que alientan a los hombres, que también experimentan abuso emocional en las relaciones como las mujeres, a mantener su sensibilidad encerrada en una bóveda)[49]. Las películas románticas perpetúan las actitudes exageradas de «estar juntos en las buenas y en las malas sin condiciones». Muchas religiones del mundo e incluso gobiernos condenan el divorcio; mientras escribía esto en 2022, abandonar a tu cónyuge seguía siendo ilegal en Filipinas. El capitalismo protestante condiciona a los estadounidenses a considerar que las rupturas son «fracasos» vergonzosos, aunque me parece mucho más trágico pasar años con alguien que trata a tu corazón como a un desatascador de inodoro. No es de extrañar que no podamos abandonar a personas que nos hacen daño.

Tengo mucho de que «arrepentirme». Pero me reconforta saber que mis elecciones no me convirtieron en una tonta indefendible. Me convirtieron en un ser social, lleno de esperanza, que quería que se contara una historia hermosa sobre ella. A nivel fundamental, sigo siendo así.

En 2021, dos investigadores de psicología de la Universidad de Virginia les presentaron a noventa y un participantes un patrón y les pidieron que lo hicieran simétrico, tanto agregando como eliminando bloques de colores[50]. Les intrigó descubrir que solo el 20 % de los participantes optó por resolver el problema eliminando bloques, es decir, con un enfoque sustractivo. Este sesgo hacia soluciones aditivas es generalizado y está vinculado a la aversión a la pérdida, que fue lo que me atrapó en mi relación con el señor Mochila. Cuando se presenta un problema, la mayoría de las personas suele pensar que la causa debe ser que algo *falta*, en lugar de que algo es superfluo o está fuera de lugar. El sesgo hacia soluciones aditivas explica por qué, durante un reciente intento de mejorar mi rutina de sueño, decidí gastar cien dólares en un *spray* de almohada de lavanda, un bote de polvo de adaptógenos y un reloj despertador con luz tipo amanecer en lugar de simplemente dejar de tomar espresso por la tarde y mantener mi teléfono fuera del dormitorio. Traté de agregar media docena de bloques de colores para resolver mi problema, cuando la respuesta era quitar los dos que estaban en mi camino.

Imagina que vas a hacer una caminata que alguien te advirtió que sería difícil. El sesgo hacia soluciones aditivas es el impulso que te dice que lleves una botella de agua grande, unos bastones de senderismo y botas resistentes para subir la montaña. Una vez tuve que darme por vencida y detenerme a mitad de una caminata con el señor Mochila y me sentí avergonzada durante meses porque había sido demasiado débil para llegar a la cima. Pero cuando regresamos en otro momento ese mismo verano, ascendí a la cima con facilidad. ¿Por qué? Porque dejé mi mochila en el auto. Me estaba frenando. Pensé que la clave para la victoria era un arsenal de equipo superespecializado, pero en realidad todo lo que necesitaba eran mis propios pies.

En mi relación con el señor Mochila, me decía a mí misma que lo que nos curaría era un apartamento más grande o unas vacaciones soñadas que cambiarían las cosas. Pero, a veces, lo que en verdad necesitas para ser feliz es quitar algo. Esta inclinación es especialmente difícil de resistir porque como consumidores nos condicionan a creer que para arreglar algo tienes que agregar un dispositivo, una aplicación, un suplemento, un párrafo, una persona, en lugar de retroceder, evaluar todo lo que tienes frente a ti y considerar que el problema podría resolverse tan solo quitando algo. Retira el bloque de color. Deja de lado los incómodos adornos de la tienda de deportes. Rompe con tu pareja.

Cuando pienso en mi relación con el señor Mochila ahora, parece como si le hubiera sucedido a otra persona lejos de mí y hace mucho tiempo, pero mi cuerpo lo recuerda como si hubiera ocurrido esta mañana en la mesa del desayuno. A veces me encuentro trabajando en mi computadora portátil en una cafetería, distraída, viviendo en el futuro, cuando la voz de alguien que pasa acaricia un recuerdo auditivo familiar, o resurge una vieja foto en el carrete de mi iPhone, que me deja mareada como un latigazo cervical. Entonces hago una inhalación profunda y me enfoco en lo agradecida que estoy de tener treinta en lugar de dieciocho, y de haber construido una vida que a veces es igual de dolorosa que antes, pero que se siente, cada día un poco más, como propia.

Al final, logré concretar una carrera de autora en California. Unos pocos años después de separarme del señor Mochila, publiqué un par de libros, incluido el que trata sobre cultos: por qué las personas se unen a ellos y por qué se quedan.

Siempre he sentido fascinación por los líderes religiosos que abusaban de su poder y por los seguidores que atraen. De niña, estaba convencida de que no tenía nada en común con esas personas. Creía en el estereotipo de que los individuos que terminan en grupos como la Familia Manson y los Moonies están desesperados, perturbados o tienen un intelecto deficiente. Me consideraba inmune a los encantos perniciosos de los gurús carismáticos. Pero luego comencé mi investigación y descubrí que estos juicios sobre los seguidores de cultos no solo son suposiciones superficiales, sino que también ocultan la verdad de que la influencia sectaria de los cultos aparece en lugares donde no pensaríamos buscarla, como nuestras propias relaciones, y ninguno de nosotros es inmune a ella.

Las preguntas que con más frecuencia se les hacen a los sobrevivientes de cultos suenan igual a las que me hacían sobre el señor Mochila: «¿Por qué te involucraste con él? ¿No viste las señales?» y luego, «¿Por qué no te ibas?». Yo buscaba el Verdadero Amor. Pero mi optimismo juvenil alimentado por las comedias románticas me volvió vulnerable, incapaz de reconocer las diferencias entre romance y control, pasión y caos. Todo lo que sabía era que el señor Mochila tenía una mirada sabia en sus ojos y muchas promesas, y me sentía valiente por perseguir un amor que otros quizás no entenderían. El audiolibro de mi vida se reproducía sin parar y me decía que era una aventurera que podía salir adelante en condiciones extremas. No es coincidencia que quienes terminan en cultos socioespirituales sean las personas con mentalidad utópica que perciben sus vidas como viajes heroicos, en lugar de verse como individuos «desesperados» o abatidos.

El término «*love-bombing*» (bombardeo de amor) ha descrito desde la década de 1970 el uso estratégico del afecto exagerado por parte de los líderes de sectas para atraer reclutas. Es lo mismo que, en relaciones predatorias, podría denominarse «*grooming*». Con respecto a los cultos, escuchamos hablar sobre «control mental» y «bypass espiritual» (desvío espiritual), que efectivamente significan lo mismo que «abuso emocional». Cuando el líder de un culto exige que los miembros entreguen grandes sumas de dinero al grupo, se lo denomina «explotación financiera»; cuando una pareja consume o controla las finanzas de la otra sin su consentimiento, eso es «robo doméstico». El chantaje puede infiltrarse en las relaciones tóxicas, como amenazas de filtrar fotos o mensajes comprometedores para desalentar la retirada, y lo mismo ocurre con los cultos. Llamamos a los líderes de sectas «gurús carismáticos», mientras que a los amantes abusivos les decimos «narcisistas encantadores».

En los cultos, un proceso de «deshumanización» implica que un líder asigna nuevos nombres y uniformes para despojar poco a poco a los seguidores de sus identidades. Luego, el líder puede llegar a ignorar a los miembros veteranos para enfocarse en nuevos reclutas, lo que motiva a los leales actuales a luchar por su atención. Durvasula me comentó que, en relaciones poco saludables, existen pasos similares conocidos como las fases de «devaluación» y «descarte», que podrían manifestarse cuando los abusadores convencen a su pareja de mudarse desde la otra punta del país por ellos, de cambiar su forma de vestir y empleo, solo para luego descuidarlos o engañarlos. Los líderes de cultos en general prohíben a los miembros socializar con personas externas o consumir medios que hablen mal del grupo. Los abusadores románticos podrían alentar a sus parejas a cortar lazos con amigos o familiares que no «apoyen» su amor.

Una relación tóxica es simplemente un culto de una sola persona. Aunque el marco es diferente, los comportamientos son más o menos equivalentes. Y las personas que permanecen en estas situaciones más tiempo de lo que cualquiera puede entender están motivadas por irracionalidades que todos compartimos. Los seres humanos se adaptaron para evitar la derrota a toda costa, y las narrativas de pareja que la sociedad acepta se vuelven demasiado desordenadas demasiado rápido para que nuestro juicio no se desoriente. Entonces, cuando nos encontramos experimentando abuso emocional (y entre el 50 % y el 80 % de los adultos lo han experimentado), elegimos saborear las escasas migajas de bonanza: ese hermoso viaje a la costa sur de California hace dos años, la agradable cena que tuvimos el mes pasado donde no discutimos en absoluto. Aferrándonos a estos fragmentos, superamos la disonancia cognitiva, justificando toda la acritud, para no tener que admitir nuestros costos hundidos y cambiar.

Con el tiempo, puedo ver con mayor claridad que el señor Mochila no era un monstruo. No creo que disfrutara causando dolor. De la misma manera, yo no era una porción de tocino flácida dentro de la relación. Que él fuera mayor y que toda la situación fuera tabú, lo admito, fue parte de lo que me atraía. Había destellos de oro entre nosotros: nuestras bromas internas, nuestro sentido compartido de la aventura. Estoy segura de que estaban ahí, o nunca habría entrado en la mina en primer lugar. Nunca me habría quedado. Al igual que los sobrevivientes de cultos.

A veces, cuando en confianza le comparto mi experiencia a una amistad nueva, me preguntan por qué mis padres no intentaron detenerlo, y pienso, bueno, tenían las manos atadas. Intentar controlarme solo me hubiera alejado. Al igual que un padre que observa a su hijo de dieciocho años irse con un grupo religioso marginal, esperaban que obtuviera lo que necesitaba de esa decisión y que regresara a casa de manera segura algún día.

Ni siquiera *yo* le diría a mi yo más joven que no empezara a salir con el señor Mochila. Era una adolescente obstinada, así que de ninguna manera ese consejo habría funcionado. Pero también creo que ser demasiado cauteloso en la vida, tener demasiado miedo al dolor, te impide experimentar las partes más mágicas que sí tiene la vida.

Lo que le diría a mi yo adolescente, sin embargo, es que nadie en la historia ha pasado de ser un imbécil a un ser de ensueño solo porque su novia así lo deseaba. Le diría que nadie espera que se resignen para siempre a una elección que hicieron en la escuela secundaria. Le diría que está bien ser «desleal» a alguien que te está lastimando. Le diría que no hay un momento irrazonable para detenerse y preguntarse acerca de la relación: ¿Quién es esta persona para la cual estoy reescribiendo mi historia? No quién era hace siete años, o quién espero que sea en el futuro, sino quién es en este momento.

El columnista de sexo y relaciones Dan Savage una vez me ofreció un consejo sobre qué decirle a alguien que sabes o sospechas que está en una relación tóxica. Por desgracia, dijo Savage, no hay una contraseña o una explicación lógica impecable que puedas darle a la persona para que vea lo que tú ves. Pero si quieres ayudar, añadió, puedes hacerle saber, incluso si no habéis hablado en un tiempo, que si alguna vez quiere salir, quedarse en algún lugar, o tan solo charlar, estarás allí. No juzgarás, interrogarás o irás en su contra. Solo contestarás el teléfono, abrirás la puerta. Si la persona es como yo era, es posible que no reciba esta oferta con entusiasmo; podrá burlarse y desestimarla. Incluso podrá dejar de hablar contigo por un tiempo. Pero no lo olvidará. Muy a menudo, la persona en una relación tóxica o sectaria no se da cuenta de que pueden ver que está sufriendo, de que alguien en el exterior los ama o se preocupa por ellos. Eso es parte de lo que los mantiene dentro. Aunque parezca obvio y doloroso, a veces tienes que decir algo en voz alta para que sea real.

Así que aquí estoy diciendo todo esto, tal vez al vacío, tal vez a ti: ya estés bajo el hechizo de un amante o de un líder, nunca es demasiado tarde para cortar por lo sano. En cualquier momento, puedes soltar la pesada carga de tus hombros, dejarla en la montaña y retroceder, porque la vista que te prometieron no está en verdad allí arriba, y ya no vale la pena la escalada. Está bien perdonarte a ti mismo (después de todo, todos tienen su equipaje) y construir una vida plena, y propia, porque en realidad nunca tuviste ningún costo hundido.

4

LA HIPÓTESIS
DE HABLAR PESTES
DE LOS DEMÁS

Una nota sobre el sesgo de suma cero

La belleza es terror. Queremos que nos devore.

DONNA TARTT, *El secreto*[51]

No es que eligiera trabajar «en belleza», como solíamos decir. Fue más bien la industria de la belleza, que había crecido después de la recesión económica de 2008 gracias a la implacable centralidad de la imagen en Los Ángeles, la que tropezó conmigo y pensó: sí, está bien, creo que me servirás.

Acababa de graduarme en la universidad y llevaba nueve meses buscando un empleo a tiempo completo cuando por fin conseguí un trabajo asalariado como redactora… escribiendo reseñas de cosméticos para una página web de estilo de vida femenino. Quería trabajar en un medio feminista como *Jezebel*, o quizá en una redacción como la del *L.A. Times*, o incluso para una organización sin fines de lucro dedicada a los libros. Envié correos electrónicos a todas partes. Pero buscar puestos literarios para principiante en Los Ángeles era como buscar ballenas en Kansas. Mientras tanto, el «efecto pintalabios»[52] —un fenómeno llamado así por primera vez durante la Gran Depresión, cuando la economía en general estaba por los suelos, pero las ventas de artículos de lujo asequibles como los productos de belleza estaban en alza— había creado un nicho de oportunidades pequeño y escurridizo. Así que, aunque no tenía ni idea de lo que era una «rutina de cuidado de la piel», cuando por fin me ofrecieron la posibilidad de escribir cualquier cosa a cambio de dinero, no me pareció que fuera momento de ser muy exigente.

Mi primera tarea consistía en conducir hasta Beverly Hills para entrevistar a una estrella de cine de ojos color océano acerca de cómo curaba su rosácea con lociones de la farmacia, y luego tenía que fingir que le creía mientras informaba mis hallazgos a un grupo de lectoras de entre veinticinco y treinta y cuatro años que navegaban por Internet durante la hora del almuerzo. Promocionar productos de cuidado personal innecesarios y caros para curar una serie de problemas estéticos inventados por la propia industria no era el sueño literario que había imaginado (objetivamente, las arrugas y la celulitis no son «problemas»). Y, sin embargo, a medida que me atrapaba el mundo insular de la micropunción, la micropigmentación de cejas, el *dermaplaning*, la criolipólisis, el baño de vapor vaginal, los «tratamientos faciales con plasma rico en plaquetas», «el rubio anaranjado es el nuevo color de pelo de las *it girls*» y las gotas del kit de labios de Kylie Jenner como noticia de última hora, ya no podía resistirme a toda esa influencia. Estaba motivada (con gran vergüenza) por la posibilidad de vivir lo que nunca experimenté en el instituto: la sensación de ser una «chica popular», como en las películas, y decidí encarar el desafío social de demostrar que yo pertenecía a ese mundo. No podía imaginarme el infierno de comparaciones interminables en el que me estaba metiendo. En aquel momento, convertirme en una «chica guapa» me parecía un juego simple que podía ganar.

En tres años, era prácticamente un cíborg: el rostro contorneado por el maquillaje, bronceada, con bótox, pestañas alargadas, manicura y pedicura, con baños de vapor y extracciones, depilada por completo, mi cara toda retocada. Ya no parecía pertenecer a mi familia. Me había gastado dos sueldos en un bolso del tamaño de una tarjeta de cumpleaños. Todas las superficies de mi apartamento estaban atestadas de cremas, remedios y aparatos con láser para el cuidado de la piel, algunos de los cuales costaban cientos de dólares cada uno. Me los habían enviado de manera gratuita un desfile de empleados de relaciones públicas sobrecargados de trabajo, rezando para que publicara un párrafo promocionando sus productos. A mediados de la década de 2010 se produjo un momento cultural que propugnaba los cánones de belleza más imposibles de todos los tiempos: una combinación entre la forma voluptuosa de las Kardashian y la estética natural y minimalista de la marca Glossier; y, sin embargo, el diluvio de mensajes cuasi feministas sobre la positividad corporal nos decía al mismo tiempo que, aunque las mujeres debían parecerse a las muñecas Bratz, tampoco podían quejarse si estaban lejos de eso. Me sentí atrapada. Aunque estaba motivada para mantener este trabajo tan difícil de encontrar, no quería sugerir que la «belleza» era algo que todo el mundo *necesitaba* y, al mismo tiempo, no estaba del todo convencida de no necesitarla yo misma.

Desarrollé un abanico de mecanismos de afrontamiento para gestionar la disonancia cognitiva. Estos incluían una fijación macabra en Sylvia Plath, quien también trabajó en la industria del «estilo de vida de las mujeres» cuando tenía veinte años para la revista de moda *Mademoiselle*. Es bien sabido que estaba obsesionada por la estética, y anhelaba el lápiz labial «Cerezas en la nieve» de Revlon[53]. El color de su cabello se convirtió en tema de acalorados debates. Mucho después de su muerte, se discutía si el «verdadero yo» de Plath era una rubia sonriente en bikini o su «personalidad morena», que describió en una carta de 1954 a su madre como «estudiosa, encantadora y seria». Mientras aplicaba mi bronceador y rizaba mi cabello cada mañana antes del trabajo, ponía la canción «Bell Jar» de The Bangles de 1988 sin parar[54]. «En verdad este no es mi aspecto», me aseguraba a mí misma. «Estoy interpretando un personaje. Estoy en drag. Solo haz el trabajo y pasa cada momento libre planeando cómo salir de esto. Ah, y trata de no meter la cabeza en el horno».

Sin embargo, la diferencia entre pretender aparentar de cierta manera y aparentar de verdad de esa manera es, cuando menos, sutil. Mi experiencia de vida y mi individualidad se volvieron cada vez más despersonalizadas, en especial a medida que Instagram usurpaba la realidad. Para 2017, esta aplicación no era solo atardeceres y fotos de comida voluptuosa, sino una fachada infinita de vacaciones exóticas, conjuntos de ropa de moda que nunca se repetían y piel con la textura de las pantallas de iPhone. Se me instruyó para que hiciera crecer mi número de «seguidores» para representar a la página web que me empleaba. Esto requería horas de etiquetar, comentar, seguir y dejar de seguir todos los días. Cada hora, el algoritmo me presentaba un nuevo conjunto de cuentas que no sabía que existían para compararme con ellas. Con desesperación, sentía en mis huesos que el rubio de otra editora de belleza solo me volvía más morena, que la cantidad de seguidores de cada influencer me volvía irrelevante. Estaba segura de que la luz en el universo era limitada y con solo enterarme de que alguien brillaba más, yo me apagaba.

Esa tristeza centrada en la escasez tiene sus raíces en el *sesgo de suma cero*: la falsa intuición de que la ganancia de otra persona significa tu pérdida de manera directa[55]. El sesgo de suma cero nos dice que si otra persona está teniendo éxito, entonces tú debes estar fallando. Esta mentalidad motiva innumerables conflictos, desde la angustia de los jóvenes por sus calificaciones hasta la resistencia pública al comercio y la inmigración. Es común que el enigma del sesgo de suma cero se discuta en el contexto de la economía, en la sospecha generalizada de que una transacción no puede beneficiar a ambas partes por igual. Cada vez que alguien se beneficia de un intercambio, tendemos a asumir que el otro debe haber salido perjudicado, aunque eso sea lo opuesto de cómo funciona el comercio en realidad, ya que, de lo contrario, nadie lo haría. «Cuando la gente intenta hablar de economía, intuyen que la economía en su conjunto debe ser un pastel que todos compartimos: cuanto más obtienes tú, menos tengo yo», explicó David Ludden, un psicólogo del lenguaje de la Universidad Georgia Gwinnett. «Pero en realidad podemos aumentar la cantidad que existe en el mundo para compartir. O podemos negociar hasta un punto en el que ambos nos beneficiemos».

A menos que se vean obligados o engañados, los consumidores no suelen comprar cosas que valgan menos que el precio establecido. De igual manera, los vendedores no venden cosas por más de lo que valen. Y, sin embargo, los estudios descubrieron que cuando concebimos la idea de intercambio, el juicio equivocado de que sí actúan de esta manera es casi «endémico»[56]. Un documento de 2021 publicado en el *Journal of Experimental Psychology* descubrió una variedad de creencias erróneas cotidianas relacionadas con el sesgo de suma cero, como que el gobierno no puede apoyar a un grupo sin dañar de manera directa a otro, o que los compradores de un bien o servicio son mucho menos propensos a beneficiarse de la transacción que los vendedores[57]. Los investigadores denominaron a esta perspectiva falaz «negación del ganar-ganar», concluyendo que, entre los humanos, «puede ser ubicua».

Tanto si hablamos de dinero como de belleza, nuestro territorialismo de suma cero está anclado en milenios de rigurosa competencia por recursos. Cuando las pequeñas comunidades aisladas eran nuestra única forma de vida, la ganancia del otro a menudo significaba tu pérdida. Parejas, comida y estatus eran en efecto finitos y no garantizados para distribuirse de manera equitativa. «Muchas cosas todavía son así. Si tú y yo vamos a compartir una pizza, cuantas más porciones comas tú, menos como yo», dijo Ludden.

Sin embargo, los escenarios de ganar-ganar son la razón en sí por la cual las personas logran más en grupos que de manera individual. Al hablar de «economía popular», el antropólogo Pascal Boyer y el científico político Michael Bang Petersen sugirieron que los humanos pueden haberse adaptado a «intercambios de bienes similares», incluido el trueque[58]. En las transacciones tangibles como intercambiar cultivos por herramientas, los beneficios mutuos de la especialización y el comercio son bastante evidentes. Pero no hay nada que garantice que esa intuición se aplique a las transacciones capitalistas modernas que involucran dinero, acciones o, Dios no lo permita, criptomonedas. El dinero ni siquiera se adoptó a nivel global hasta después de que se desvaneciera el sistema de trueque durante la Revolución Industrial, y una vez que se abandonó el patrón oro en 1971, el concepto de «valor» se redujo a una abstracción aún más desconcertante.

En la Era de la Información, nuestra comprensión de lo que significa la «moneda» y el «valor» se ha distorsionado hasta volverse irreconocible. Como estamos inmersos en el capitalismo, la sensación de temor de que quizás no estemos recibiendo lo que valemos está siempre presente. ¿Qué «precio» podemos asignarles a nuestro tiempo y producción creativa, y cuáles son las posibilidades de que de verdad nos paguen ese monto, o de que esos ingresos resulten satisfactorios? Los que tendemos a sobreanalizar (hola) somos expertos en convertir nuestras torpes intuiciones sobre el dinero en paranoias completas que sostienen que todas las personas con las que hacemos intercambios, no solo por dinero, sino también por tiempo, influencia o ideas, existen solo para vaciarnos. Esta desconfianza recelosa es un síntoma de agotamiento y puede llevarnos a proyectar nuestro temor en entornos al parecer más controlables, como nuestras publicaciones en las redes sociales.

A veces, incluso nos imaginamos que se está produciendo un «intercambio». ¿Podemos medir nuestras victorias y derrotas sociales con precisión cuando la combinación de hiperaccesibilidad y distancia física ha problematizado tanto nuestra capacidad para determinar quiénes conforman nuestro círculo social en primer lugar? ¿Quiénes son mis competidores o colaboradores materiales en cualquier momento dado? ¿Son solo mis amigos, familiares y colegas? ¿Qué pasa con los colegas que solo conozco a través de la aplicación Slack? ¿Las personas que me siguen en Instagram están en mi círculo social? Siendo realistas, ¿quiénes somos el uno para el otro? Estas preguntas no son fáciles de responder.

Hacemos nuestras apuestas sociales de una manera muy específica: nuestros «competidores» más acérrimos en general se nos parecen. Mientras transcurría mi vida como editora de belleza, nunca me comparaba con hombres ni con mujeres mucho mayores que yo, ni con chicas que trabajaban en el departamento de diseño gráfico y que tenían «vibras» tan diferentes a las mías que era como comparar plátanos con arándanos. En cambio, las figuras que más me enloquecían eran mujeres de mi edad que tenían tanto en común conmigo que podían representar una amenaza, o al menos podrían haberlo hecho hace doce mil años. ¡Qué irónico que las personas con las que podría haber conectado mejor fueran las que me llevaban a querer deshacerme de todos mis espejos y lobotomizarme!

El sesgo de suma cero afecta con más intensidad a aquellos que se han criado en sociedades individualistas, donde se enfatizan los binarismos de ganar-perder a cada paso [59]. Una vieja amiga mía pasó los primeros años de la infancia en Japón, donde las actitudes, según los estándares occidentales, se inclinan más hacia el colectivismo que hacia la competencia. Luego creció y se mudó a Nueva York para trabajar en el mundo del espectáculo: uno de los ámbitos profesionales más despiadados del mundo donde demasiados soñadores compiten entre sí por un número escaso de roles y las apariencias de las personas se comparan una con otra todo el tiempo. A pesar de todo eso, mi amiga irradia una sensación de calma que siempre me ha dejado estupefacta. «En Japón, la gente no se complica tanto como aquí», dijo una vez, antes de hablarme sobre una fiesta en Manhattan a la que acababa de asistir donde celebraban el cumpleaños de la hija de cuatro años de su vecino. El evento desconcertó a mi amiga, no solo por el opulento menú, la decoración, los regalos y la atención, sino también por la intensidad olímpica de los juegos de la fiesta: ponerle la cola al burro, sillas musicales, piñatas. Se requería la participación de todos los pequeños invitados, y la mitad de los «perdedores», incluida la cumpleañera, terminaron llorando. Eran niños en edad preescolar. «Me hizo pensar: si vas a hacer una gran fiesta ridícula, ¿no debería ser al menos divertida?», preguntó mi amiga.

En 2017, en una secuencia de experimentos realizados en la Universidad de Míchigan descubrieron que los estudiantes que vivían en países del este asiático eran mucho más propensos que los occidentales a valorar el hecho de ser un «pez pequeño en un estanque grande»[60]. Es decir, preferirían tener un trabajo de rango inferior en una empresa más prestigiosa que en un puesto más alto en una empresa pequeña y desconocida. Mientras tanto, los jóvenes que crecen en una sociedad que los impulsa a hacer lo que sea necesario para obtener un título envidiable, sin preocuparse por quién resulta perjudicado en el camino, probablemente aprenderán a abordar todas las actividades que se orienten al éxito con el efecto de suma cero.

El estrés financiero también puede agravar estas percepciones equivocadas. Un estudio de 2010 sugirió que es más probable que los estadounidenses de bajos recursos económicos, tanto si se encuentran en esa realidad solo en la actualidad o de manera crónica, lleguen a conclusiones de suma cero. Se deduce que durante épocas de tensión económica más generalizada aumenta la oposición pública a la inmigración y al comercio. Durante lo que pareció un juego infernal del cumpleaños infantil, la elección presidencial de los EE. UU. de 2016, los candidatos que promovieron políticas populistas y anticomercio disfrutaron de un extraordinario fervor en todo el espectro político, a pesar de las críticas de los economistas[61]. Ya sea al hablar del color de cabello o de actitudes hacia la inmigración, el impulso de compararse, incluso ante recursos ilimitados, se intensifica cuando nos sentimos sin un sostén cultural.

Después de cinco años trabajando en la industria de la belleza, renuncié, llena de grandes esperanzas de poder ganarme la vida informando sobre temas que no fueran solo cremas para el contorno de ojos. Con mucha ingenuidad presumí que por fin ya estaba emancipada del purgatorio de la comparación. Me dejé crecer las raíces. Terminé mi relación con mi estilista de pestañas. Dejé de seguir a todas las influencers de boca fruncida cuyas imágenes impecables siempre me hacían sentir como un cerebrito. Fui tan feliz… durante exactamente tres semanas. Luego, el algoritmo de Instagram me descubrió. Se dio cuenta de que había cambiado mis prioridades. Al instante mi *feed* pasó de mostrarme editoras de belleza vestidas con falda a media pierna en viajes de prensa por Tulum a jóvenes escritoras de Brooklyn con firmes cortes de cabello por la nuca cuyas primeras obras figuraban en la lista de los más vendidos del *New York Times*. Esto era muchísimo peor. Enfrentarme a otras mujeres en Internet era un patrón que se había arraigado en mi sistema hacía mucho tiempo, pero ahora no se trataba solo de apariencia, sino de mi carrera, mi ingenio, mi alma. Antes, siempre había alguien con mejor cabello y un calendario social más glamoroso, vistiendo un Dior sin hombros en una azotea. Ahora, siempre había alguien que tenía mejores artículos publicados con su firma, títulos más prestigiosos y chaquetas de cuero más elegantes, que no usaba maquillaje ni le importaban las redes sociales, y parecía irradiar un aire bohemio de desdén por aquellos que sí lo hacían.

¿Quién era yo entre estas dos figuras extremas? ¿Una mala imitadora de ambas? En un abrir y cerrar de ojos, pasé de navegar por las redes de manera plácida a contener la respiración mientras buscaba con pánico en Google la formación y los elogios de alguna nueva escritora que acababa de descubrir. Luego, me pasaba unas cuantas horas maquinando como un científico loco cómo podía acrecentar mi valía para superarla. En cada ocasión, el objeto de mi febril fijación era una persona de la que yo desconocía su existencia el día anterior. No tenía ningún efecto en mi vida. Era alguien con quien incluso podría haberme mensajeado y entablado una amistad o hasta organizado un trabajo en colaboración. Era muy probable pensar que el hecho de que este humano y yo habitásemos este mundo al mismo tiempo significaba tranquilamente un ganar-ganar. Tal vez si me la hubieran presentado en persona, y hubiera visto la arruga de su sonrisa, su manera inquieta de mover las manos, habría sido más evidente. Pero el misterioso medio de las redes sociales destruyó mis posibilidades de superar el engaño del sesgo de suma cero. Me avergüenzo de ello. Después de rumiar durante treinta segundos sobre el hecho de que existe un registro de mis búsquedas dementes en Google en algún lugar de la nube me dan ganas de tomarme una pastilla de loperamida y echarme a dormir una siesta durante todo un año.

Cada vez que me veía sumida en una espiral mortal de comparaciones, me volcaba de manera desesperada a buscar más gente con la que competir. Salía en busca de amenazas como si fuera una nómada en la maleza, salvo que yo era un cíborg mimado en Internet y había un sinfín de «enemigos» que encontrar. Durante meses, unos cuantos extraños vivieron en mi cabeza sin pagar alquiler y los comportamientos que mostraba para librarme de ellos eran tan irracionales como mi ansiedad. Con frecuencia, me encontraba hablando pestes de esos extraños, tanto en voz alta a mis amigos como en silencio en mi mente, intentando desentrañar cómo podía recoger más caramelos de la piñata fantasma que yo misma había inventado. No era la única. Muchos de mis compañeros, sobre todo en campos creativos, albergan sus propios conjuntos de competidores parasociales. Cuando una amiga música de voz angelical me enseñó a la cantante de TikTok que atormentó su alma durante todo el año, no podía creer que hubiera permitido que ese extraño surtido de píxeles pusiera en peligro su autoestima. «¿Sus canciones son más pegadizas que las mías?», preguntaba mi amiga en una súplica. «¿A quién le importa?» le respondía. «¡Tú eres muy especial! ¡Su música no tiene nada que ver con la tuya!». Con mucha vergüenza reconozco que yo no tenía la capacidad reflexiva necesaria para aplicar ese consejo conmigo misma.

Fue fácil notar cómo estas situaciones de suma cero afectaban de manera desproporcionada a las mujeres de mi vida. En lo que respecta al género y la comparación social, las investigaciones indican que las mujeres son más propensas a hacer comparaciones ascendentes e identificaciones descendentes. Un estudio de 2022 de la Universidad de Formación del Profesorado de Vaud (Suiza) descubrió que, en la escuela primaria, las niñas ya han aprendido a compararse solo con los compañeros que perciben como superiores[62]. Por el contrario, cuando los hombres echan un vistazo a una fiesta o consultan sus redes sociales, es más probable que solo se fijen en sus compañeros menos atractivos. Su impresión a partir de ahí es: «Perfecto, parece que soy el más guapo de aquí», y eso es una victoria para su autoestima.

Cuando las mujeres observan su círculo, solo se fijan en las «amenazas».

Las consecuencias son materiales y evidentes. Un estudio de 2022 de la Universidad Macquarie de Australia confirmó un círculo vicioso compuesto de las actitudes de comparación social ascendente, el uso problemático de las redes sociales,* la depresión y la baja autoestima, que están afectando de manera desproporcionada a las mujeres[63]. El año anterior, un estudio de la Universidad del Suroeste en Chongqing (China) determinó que las adolescentes con trastorno por adicción a TikTok (compulsión irrefrenable de ver vídeos hasta el punto de interferir de manera negativa en sus vidas) sufrían un aumento de ansiedad, depresión, estrés y dificultades en la memoria operativa[64]. Las características fundamentales de Instagram y TikTok son precisamente las que los vuelven tan perjudiciales: su naturaleza adictiva, los filtros perfeccionistas, las cuentas sugeridas desde el algoritmo y los incentivos para mostrar solo momentos seleccionados llevan a las jóvenes al fracaso psicológico. Los usuarios no aceptan la masacre emocional sin más, pero su represalia no va contra la aplicación en sí. Más bien, se dirige a otros usuarios en forma de críticas (hablando pestes de los demás) y comentarios pasivo-agresivos sin mencionar al destinatario, pero dejándolo en evidencia (*subtweeting*).

La desilusión de que el capitalismo y el feminismo se lleven bien es combustible prémium para el sesgo de suma cero. En mi vida profesional, más de una vez me han estafado mujeres que se acercaban bajo la apariencia de «socias» o «mentoras», y eran a su vez víctimas y perpetradoras del juego de suma cero del patriarcado. Siguiendo un libro de reglas que estipula que solo unas

---

* Se consideró que el uso de las redes sociales era «problemático» cuando los usuarios entraban en las aplicaciones a pesar de las consecuencias perjudiciales para la salud y las relaciones. No importaba con qué frecuencia las revisaran; cualquier frecuencia podía considerarse problemática.

pocas jugadoras pueden «ganar», algunas colaboradoras me abordaron llenas de elogios y efusividad para decirme que les recordaba a ellas mismas cuando eran más jóvenes, y luego tomaban una actitud mandona de descrédito y control como una forma de asegurarse de que yo nunca me llevara su parte. Este tipo de experiencia es común y sus consecuencias son traicioneras para todos los involucrados. En el libro *Sissy*, las memorias de 2019 de Jacob Tobia, autor y activista no binario, se describe cómo el *tokenismo** de individuos marginados crea una cultura de luchas internas nocivas [65]. Tobia escribió: «Para adoptar la psicología del *tokenismo* con total sinceridad, debes traicionar a tu comunidad. Esa es la parte oscura del asunto. En lugar de culpar por la ausencia de otras personas como tú a las instituciones, a las reglas y a las actitudes sociales de quienes te rodean, culpas a tu propia comunidad».

Puede que haya sido en privado, pero he dedicado una horrenda parte de mi preciosa vida mortal a sobreanalizar a mi «competencia» en un esfuerzo por equilibrar mi inseguridad. He tratado al chisme como si fuera un hechizo dirigido a transferir por arte de magia la luz de la otra persona hacia mí. De manera temporal, la catarsis me dio una subida de adrenalina que de verdad parecía funcionar. Pero eso no calma los sentimientos desagradables, hace lo contrario. La hipótesis de catarsis de Freud respaldaba que gritar o romper cosas sirve para «liberar» la negatividad, pero ninguna evidencia moderna apoya la afirmación de que actuar mal sea una cura para *sentirse* mal. «Dada la forma en que funciona el cerebro, la catarsis ni siquiera tiene sentido. No nos volvemos menos propensos a [hacer] algo practicándolo», señaló un estudio de 2013 sobre los efectos

---

* Se refiere al acto de tratar a las personas como simples representantes de un grupo, ignorando sus características individuales y reduciéndolas a un «token» o símbolo de ese grupo *(N. de la T.)*.

psicológicos del desahogo [66]. Inhalar un montón de cocaína nunca hizo que a alguien le apeteciera inhalar *menos* cocaína; hablar pestes sobre los demás solo anima a una persona a hablar mal *más*, al mismo tiempo que la hace parecer sospechosa para quien esté escuchando. De hecho, los psicólogos han establecido que cuando criticamos a las personas a sus espaldas ocurre algo llamado «transferencia espontánea de rasgos», y comienzas a asumir las cualidades que estás asignando al sujeto de la discusión. Si criticas los malos chistes o el mal gusto de tu amienemigo, es muy probable que tu compañero de conversación comience a pensar en *ti* como poco gracioso y de mal gusto. Este hallazgo es consistente; el problema es que solo se aplica a interacciones en persona. En línea, las personas que hablan de manera negativa sobre otros, incluso si lo que están publicando es subjetivo o falso, se perciben como mejor informadas. Más atractivas. Y así, el algoritmo las incentiva a seguir haciéndolo.

Puede que te reconforte o que te desanime saber que nadie es inmune a la tendencia de hablar pestes de los demás buscando aumentar el propio valor social, ni siquiera las personas que están en la cima de su juego. He aquí una anécdota como evidencia: después de la publicación de mi segundo libro, a mi pareja, Casey, y a mí nos invitaron a asistir a una pequeña cena organizada por una novelista debutante, quien acababa de aterrizar en la literatura después de disfrutar de una carrera destacada en una banda de rock de los años 80. Desinhibidos por el pinot noir, sus invitados VIP se pasaron la velada intercambiando historias sobre las ansiedades de suma cero compartidas por sus amigos más famosos. Escuchamos cómo Prince siempre hervía de celos hacia Michael Jackson y que Steven Spielberg siempre sentía inseguridad porque no poseía la agudeza de Martin Scorsese. Nos enteramos del día en que mientras Tom Hanks estaba en el plató vio una edición de la revista *Time* con Daniel Day-Lewis en la portada, la levantó sobre su cabeza y maldijo al cielo porque su contemporáneo había alcanzado tal prestigio a pesar de aparecer en una película cada mucho tiempo.

Mientras concentraba toda mi energía en evitar que mi mandíbula cayera al suelo, absorbí estas historias como una esponja. Podría haber vivido cien vidas y nunca haber imaginado que Prince dedicara ni un solo pensamiento fugaz a Michael Jackson mientras estaba ocupado con la creación de sus innumerables éxitos, o que Tom Hanks pasara sus días haciendo cualquier cosa que no fuera disfrutar de ser el «Papá de los Estados Unidos». Estos iconos malgastaban años angustiándose por «fracasos» al compararse con personas a las que a mí nunca se me ocurriría comparar. En el camino de regreso a casa después de la fiesta, mientras Casey y yo participábamos en el obligatorio análisis de lo sucedido, él declaró que las anécdotas le resultaron desalentadoras. Para mí, fueron muy liberadoras. Ninguno de nosotros percibe con precisión nuestra propia atracción, nuestro propio éxito. Ni siquiera hay una manera correcta de percibir la misma historia de desilusión que experimentó otra persona. Desde mi perspectiva, si Spielberg siempre se sentía cohibido por no ser Scorsese, entonces eso significaba que todos estamos condenados, y yo era libre.

La comparación social es instintiva y, en el mejor de los casos, ayuda en la formación de la identidad. Nadie sale del útero equipado por completo con las herramientas para materializar nuestro ser. Las personas siempre nos hemos mirado entre nosotros para descubrir quiénes somos. Cuando somos niños, vamos al parque, vemos la televisión o leemos sobre personas en libros y revistas, y usamos esa información para seleccionar cualidades que nos gustaría destacar más o menos en nosotros mismos. «Bueno, en Instagram o TikTok, esas fuentes de inspiración cobran vida las 24 horas del día», dijo el psicólogo Dr. DiNardo. «¿Quién puede resistir la tentación de ir a un parque que siempre está abierto?». Según la explicación de DiNardo, la forma manejable de armar una identidad es triangulando entre un pequeño conjunto de individuos en el mundo físico. No puedes orientarte entre todos los que ves en línea, en especial porque las identidades presentadas allí no son en realidad personas, sino hologramas. Según el *Journal of Experimental Psychology* (*Periódico de Psicología Experimental*), la negación de ganar-ganar parece estar exacerbada, sobre todo, por los problemas en nuestra teoría del pensamiento. Como somos realistas ingenuos, los seres humanos no podemos evitar el error de asumir que nuestras propias preferencias son la verdad fundamental. Descuidamos el hecho de que cada persona que nos encontramos no tiene los mismos valores o razones para sus decisiones. Con respecto a la economía, los autores del estudio descubrieron que con solo recordarles a los participantes que los compradores y los comerciantes tienen diferentes *razones* para sus elecciones (incluso razones superficiales, como «Mary compró la barra de chocolate porque la *quería*») se redujo la prevalencia de la negación de ganar-ganar. Qué fácil es olvidar que detrás de las elecciones en la vida real y de las apariciones en redes sociales de los demás existen motivaciones que nunca podríamos prever.

Mientras trabajaba en el mundo de «la belleza», estaba convencida de que mis contemporáneos publicaban en Instagram sus lujosos almuerzos en Sunset Tower para quitarle la luz a los demás, como un agujero negro. Pero tal vez no se trataba de eso en absoluto. *Mary quería una foto de su almuerzo ese día porque era la primera vez en meses que se sentía feliz. Mary quería una foto de su almuerzo ese día porque se sentía fea y quería vivir una fantasía en la que se sentía hermosa. Mary quería una foto de su almuerzo ese día porque su jefe le dijo que necesitaba publicar más en Instagram.* ¿Y si publicar en realidad hacía que se sintieran miserables? «Quizás rara vez consideramos lo que están sacrificando o perdiendo las personas con las que nos comparamos… [como] la privacidad», ofreció DiNardo. «Además, ¿por qué es narcisista una persona promedio con muchas selfies, pero alguien "famoso" haciendo lo mismo es increíble? Ambas personas quieren lo mismo, ¿no?».

Reconocer que otras personas pueden pensar y sentir de manera diferente a nosotros es esencial para las relaciones armoniosas. Los psicólogos han notado que esta capacidad es un paso clave en el desarrollo de niños de dos y tres años. Sucede cuando el lóbulo frontal funciona bien: la parte del cerebro responsable del razonamiento, la resolución de problemas, la creatividad, la comunicación y la atención. Sin lóbulos frontales flexibles y activos, nuestra capacidad para ver más allá del blanco y negro se ve comprometida. No podemos lograr la armonía social. En 2023, el psicólogo Jonathan Haidt argumentó en la revista *The Atlantic* que los teléfonos inteligentes deberían estar prohibidos en las escuelas, citando evidencia de que el uso constante de Internet por parte de los adolescentes destruye su potencial social[67]. «Si queremos que los niños estén presentes, aprendan bien, hagan amigos y se sientan como en casa en la escuela, deberíamos mantener los teléfonos inteligentes y las redes sociales fuera de la jornada escolar todo lo posible», dijo. Me pregunto si tanto tiempo en las redes sociales habrá atrofiado la actividad y flexibilidad de mi lóbulo frontal.

Las observaciones de DiNardo en su consultorio privado revelan que los problemas más serios en salud mental relacionados con las redes sociales, como por ejemplo el suicidio adolescente, se manifiestan en pacientes que no se sienten admirados por sus seres queridos ni disfrutan de una vida rica y dinámica fuera de Internet. Mucho antes de TikTok, la angustia psicológica ha estado relacionada con la incapacidad de conectarse con los demás. «Hoy en día se sabe que uno de los factores más importantes para prevenir y abordar el estrés tóxico en los niños es la conexión social saludable», escribió el exresponsable de la salud pública de los EE. UU. Vivek H. Murthy en su libro de 2020, *Together*

(*Juntos*)[68]. A medida que la vida se vuelve cada vez más virtual, puede resultar más difícil de evitar el tormento de las intuiciones de suma cero.

Por suerte, la transferencia espontánea de rasgos funciona en ambas direcciones. Al elogiar lo creativa que es tu nueva colega o lo amables que son tus amigos, y siempre y cuando lo digas con sinceridad, notarás que tú misma comienzas a adquirir cualidades más brillantes. Este hallazgo no sugiere que suprimamos las emociones negativas. Más bien, es una invitación a considerar el papel del sesgo de suma cero en el ciclo vicioso del ego y el hablar mal de los demás, así como la prometedora idea de que este ciclo puede romperse.

Junto con su mejor amiga, Aminatou Sow, la periodista Ann Friedman acuñó la «Teoría del Brillo» como una solución aplicable[69]. En un hermoso artículo de 2013 para la revista *The Cut*, Friedman aconsejó: «Cuando conoces a una mujer que te intimida por su ingenio, elegancia, hermosura y éxito profesional, *hazte su amiga*. Rodearte de las mejores personas no te hace parecer peor en comparación. Te hace mejor... La verdadera confianza en uno mismo es contagiosa». Mejorar la autoestima mejora nuestro trato con los demás, porque minimiza la falsa percepción de que la mera existencia de personas hermosas, exitosas y geniales pone en riesgo nuestra belleza, éxito y genialidad. Nos recuerda que su luz no apaga la nuestra. «Si Kelly Rowland puede llegar a la idea de que brilla más (no menos) debido a su proximidad a Beyoncé, hay esperanza para el resto de nosotros», concluyó Friedman.

Medio año después de dejar el mundo de «la belleza», decidí seguir la sugerencia de Friedman y experimentar con su antídoto para frenar esas espirales maníacas de Instagram. Cada vez que encontraba una cuenta que me intimidaba, comenzaba reconociendo el impulso de competir y sentirme mal. Luego, en lugar de eso, hacía clic en «Seguir». Me decía a mí misma: «Date la oportunidad de hacer una conexión, no un enemigo». Le enviaba al titular de la cuenta un mensaje directo con una expresión sincera de admiración por su trabajo. La mayoría de las veces, la persona al otro lado me agradecía con amabilidad, y cuando no respondían, por lo general lo olvidaba, como si enviar el mensaje fuera suficiente para liberarme. La conexión fue mi catarsis. Decir que el experimento fue positivo sería quedarse cortos. Algunas de las personas a las que les envié mensajes por lo general terminaron convirtiéndose en queridos amigos en la vida real. No puedo imaginar ser su enemiga. Con nuestra luz combinada, somos el Edificio Chrysler. Un claro caso donde ganamos todos.

5

CÓMO ES MORIR
POR INTERNET

Una nota sobre el sesgo de supervivencia

Conocí a mi mejor amiga escribiendo un artículo sobre chicas al borde de la muerte. Ella fue una de las que tuvo la suerte de vivir. La supervivencia de Racheli no se debió, a pesar de los bienintencionados comentarios de sus suscriptores, a algún «milagro» celestial, una «recompensa» kármica o su enérgico compromiso con la cocina vegana. No fue «elegida» para vivir. Pero ese es el truco del sesgo de supervivencia, la tendencia a centrarse en los resultados positivos mientras se ignoran las desgracias que lo acompañan[70]. Este marco predeterminado tiñe nuestras percepciones, a veces como a través de vidrios de colores y otras, de tinta espesa y sangre.

En 2017 escribí un artículo para la revista *Marie Claire* que retrataba con curiosidad a una comunidad de jóvenes adultos con enfermedades graves que, frente a un diagnóstico que cambia la vida de manera radical como es el cáncer, recurrieron a YouTube para vloguear sus vidas y muertes[71]. Me animé a proponerles a mis jefes escribir sobre esto después de que a partir de una lista de reproducción de tutoriales de maquillaje llegué hasta el contenido de una veinteañera pelirroja llamada Courtney. Durante el año en que Courtney publicó el primer vídeo sobre sombras para los ojos, había desarrollado un tumor cerebral mortal. La sección «recomendados» de YouTube me la presentó como una saludable maestra de preescolar de mejillas sonrosadas que filmaba tutoriales de belleza por diversión. Luego, me llevó a ver cómo le diagnosticaban cáncer cerebral; aguantaba la radiación y la cirugía; perdía su trabajo, cabello y habilidad para hablar; para luego completar el tratamiento, entrar en remisión y recuperarlo todo. Toda la historia duraba menos de una hora.

En las siguientes semanas, me vi rodeada de fragmentos de la subcultura de YouTube que gira en torno a las enfermedades crónicas. Había decenas de jóvenes como Courtney, si no cientos: vloggers en su mayoría adolescentes y veinteañeros, que ya tenían un canal y viraron su contenido hacia las enfermedades tras su diagnóstico o que recurrieron a YouTube de manera explícita para narrar su historia de salud, desde las primeras visitas al médico hasta las rutinas de quimioterapia y a veces muy malas noticias. Algunos canales alcanzaron un nivel de fama genuino. Uno de los primeros y más celebrados pertenecía a Talia Joy Castellano, una vivaz youtuber de belleza de trece años con una risa alegre que estallaba en la pantalla como una explosión solar. Desde los siete años, Talia había estado en tratamiento por neuroblastoma de etapa 4, un tumor progresivo del sistema nervioso. A los once lanzó su canal y en dos años había ganado más de 1,4 millones de suscriptores, que apreciaban su ingenio precoz y sus osados *looks* de maquillaje: delineador de estilo Cleopatra, lápiz labial del color de las orquídeas, pero, sobre todo, su inquebrantable alegría de vivir incluso a las puertas de la muerte.

«Talia le dio esperanza a la gente», recordó su hermana mayor, Mattia. «Ver a esta niña agonizante tener una actitud tan positiva fue cautivador. Solo estaba publicando vídeos de maquillaje por diversión, pero tan pronto como comenzó a hablar sobre el cáncer infantil, el canal despegó».

Talia le allanó el camino a una próspera generación de vloggers de enfermedades crónicas. Hablé con Sophia Gall, una vivaz adolescente australiana con ojos color azul aciano y una fascinación contagiosa por las compras en línea y las estrellas pop británicas. Sophia comenzó su canal después de que la diagnosticaran con osteosarcoma, un cáncer óseo raro, a los trece años. Dos años después, más de 145.000 suscriptores la vieron ingresar a cuidados paliativos. También estaba Claire Wineland, una valiente paciente con fibrosis quística, con una audiencia de casi 200.000 que la conocía por su risa ronca y vlogs con humor macabro, como por ejemplo «Cómo es estar en coma» e «Introducción a la muerte». A Raigda Jeha, una maquilladora canadiense de voz suave con tres hijos y una sonrisa brillante, le dieron menos de tres meses de vida cuando desarrolló cáncer de estómago a los cuarenta y dos años. Durante dos años, Raigda manejó su enfermedad de manera holística y, por sugerencia de un amigo, comenzó a publicar vídeos inspiradores sobre su experiencia en YouTube. Mi objetivo era entender cómo los blogs en vídeo configuraban la relación de estos pacientes con su propia mortalidad. ¿Cómo se siente presenciar que tu cuerpo falla y tu número de suscriptores crece de manera sincrónica, como el día cediendo paso a la noche? *

---

* La muerte puede obrar maravillas perversas en la presencia en la web. A pesar de tener tantos tutoriales de belleza de nivel profesional, el vídeo más visto de Courtney, sobreviviente de cáncer cerebral, es «Novedades: hablar es difícil», un cuestionario afásico de preguntas y respuestas posoperación. Con más de cinco millones de vistas, su imagen en miniatura previa al vídeo la muestra haciendo muecas junto a su casco de radiación contra un fondo rosado brillante. Un año después de que Courtney fuera declarada libre de cáncer, sus conteos de vistas disminuyeron por miles. Al parecer, estamos interesados en ver a alguien en el proceso activo de *morir*. Pero solo se puede empeorar durante un tiempo limitado y, en lo que respecta a la interacción en Internet, la remisión es tan mal negocio como la muerte misma.

La mayoría de los adolescentes enfermos que había visto representados solo incluían las «recuperaciones milagrosas»: los que sufrían de cáncer terminal que aparecían en las noticias después de vencer las probabilidades gracias a su actitud positiva. Pero nunca me había cruzado con alguien con la determinación de estas chicas moribundas. No hubo un regreso triunfante para Sophia, cuyo cuerpo esbelto se fue demacrando en el año posterior a nuestra entrevista, hasta que perdió la capacidad de caminar y falleció en 2018. Unos meses después, Claire murió por un derrame cerebral luego de un trasplante de pulmón doble a los veintiún años. Talia no llegó a cumplir catorce años, y dejó una lista de deseos escrita a mano en letras con forma de burbujas para que sus suscriptores la cumplieran en su honor. «N.º 10: Tener una gran pelea con globos de agua… N.º 22: Decir sí a todo por un día… N.º 56: Limpiar a fondo mi habitación». Sin embargo y, por azar, Racheli sobrevivió.

Cuando nos conocimos en persona, Racheli tenía veintitrés años, y llevaba casi dos años en remisión del linfoma de Hodgkin. La diagnosticaron cuando estaba en el último año de la universidad y comenzó a vloguear su experiencia ese mismo día. «Lo único que hice fue sacar mi teléfono», recordó. Racheli y yo vivíamos bastante cerca en Los Ángeles, y después de entregar mi artículo me invitó a un bar de la zona a tomar unas cervezas artesanales. Nunca se me había ocurrido hacer amistad con una fuente de mis artículos antes, pero Racheli, cálida y sociable, hizo que me replanteara por qué nunca lo había hecho antes.

Mi madre siempre me dijo que cuando las personas se enferman se convierten en versiones más extremas de sí mismas. Si son cínicas, se vuelven más cínicas; si son educadas, se vuelven más educadas; si son divertidas, se vuelven más divertidas. Racheli era una chica extrovertida, egresada de la universidad, muy joven, con ojos verdes brillantes, una manga de tatuajes multicolores y un talento para organizar cenas de Shabbat muy alegres con poco presupuesto, y poseía una lujuria contagiosa por la vida que parecía estar relacionada con el hecho de que casi la había perdido. A la mitad de nuestra cita de amigas, propuso que nos fuéramos a un bar de karaoke a la vuelta de la esquina, y luego de tres horas cantando éxitos de pop de principios de los 2000, nuestra relación quedó sellada. Menos de seis meses después, estuve sentada en la primera fila el día de su boda. Hábil tanto en las crisis como en la celebración, Racheli se convirtió en la primera persona a la que llamaba para contarle noticias de cualquier tipo. Mis padres comenzaron a invitarla a ella y a su esposo a todas nuestras reuniones familiares: se habían olvidado de que no crecimos juntas, que meses antes de que Racheli supiera que yo existía, la vi raparse la cabeza, presumir de su puerto para la quimio recién insertado, luchar contra coágulos de sangre en los pulmones, sonar la campana para su última ronda de quimioterapia, brillar bajo la luz de las velas en su primer cumpleaños después del cáncer, suspirar con alivio al recibir la noticia de resultados de análisis limpios, compartir su rutina de crecimiento del cabello, volver a la escuela y comprometerse… todo en línea.

Tenía un don natural para estar frente a la cámara, aunque la atención del público de Internet nunca fue el objetivo de Racheli. Después de su diagnóstico, vio en YouTube una forma conveniente de mantener a sus amigos y familiares actualizados sobre su salud. Con un poco de suerte, sus vlogs podrían llegar incluso a algunos jóvenes con cáncer y aportar algo con lo que sentirse identificados. El primer vídeo de Racheli comienza con una toma de su rostro como una bola de discoteca, mareada e iluminada con luces de neón. Una alegre canción electrónica suena de fondo. «Bueno, acá estoy jugando a los bolos con amigos. Hoy ha sido el día en que he descubierto que tengo linfoma de Hodgkin», le dice a la cámara a través de una sonrisa desconcertada. «Estoy un poco en *shock*, pero tengo los amigos más increíbles». El resto de su vídeo son clips de ella haciendo recados junto a sus jóvenes amigos con cara de asombro, comenzando una nueva dieta de comida cruda, conduciendo al aeropuerto para regresar a su casa en Florida y reunirse con un hematólogo. El vlog, titulado «El día después de mi diagnóstico de cáncer», termina con una imagen de Racheli acurrucada bajo sábanas lilas con una amiga. «Todo va a estar bien», declama.

Esa línea se convertiría en el saludo de despedida de Racheli en sus vlogs. Mientras recibía tratamiento, decidió usar el optimismo radical, «usar la positividad para superar la adversidad» como su estrategia de supervivencia. Pero unos años después de la remisión comenzó a tener sentimientos encontrados sobre esa elección de pintar el «viaje del cáncer» con una paleta tan rosa. «Sobrevivir al cáncer es una montaña rusa emocional casi igual a recibir el diagnóstico», confesó una noche cuatro meses después de hacernos amigas, mientras estábamos en su sofá en Los Ángeles, disfrutando de un sfenj marroquí que ella misma había preparado desde cero. «Siento gratitud y estrés postraumático y algo de ansiedad por lo que otras personas proyectan de mi experiencia». No es raro que gente desconocida insinúe que la supervivencia de Racheli fue una especie de recompensa por ser alguien que el mundo no podía permitirse perder. «Primero que nada, es mucha presión», dijo. «Pero conozco a personas increíbles que hicieron todo "bien" y fallecieron, y conozco a personas terribles que hicieron las cosas "mal" y vivieron. Creo que algunos espectadores quieren pensar que sobreviví porque era una persona positiva, tal vez para poder seguir mis pasos si alguna vez se enferman ellos mismos».

Esta reconfiguración psicológica es culpa del sesgo de supervivencia. Es un error que no solo aparece en escenarios de vida o muerte, sino en cualquier lugar donde se mida el «éxito»: negocios, *fitness*, bellas artes, guerra. El sesgo de supervivencia llama a los pensadores a sacar conclusiones incorrectas sobre «por qué» algo resultó bien al centrarse de manera demasiado estrecha en las personas u objetos que pasaron cierto punto de referencia, mientras se ignoran aquellos que no lo hicieron.

El ejemplo canónico del sesgo de supervivencia proviene de la Segunda Guerra Mundial. Fue en 1943 cuando el ejército estadounidense solicitó al equipo de estadísticas de la Universidad de Columbia que le ayudara a determinar qué tipo de armadura evitaría que sus aviones de combate fueran derribados del cielo[72]. No podían equipar toda la aeronave con un traje de caballero hecho de acero o la haría demasiado pesada, así que tenían que centrarse en las áreas más vulnerables. El enfoque intuitivo del ejército era examinar los aviones que regresaban del combate y analizar qué partes habían sufrido el mayor daño. Entonces, añadirían un acolchado extra a esas áreas. Pero uno de los matemáticos notó un fallo clave en su plan: no estaban pensando en los aviones que *no habían* regresado. El sesgo de supervivencia señaló a los oficiales en la dirección equivocada: proteger las aeronaves justamente contra las lesiones que no eran fatales. Los militares no tenían idea de qué agujeros de bala eran los peores, porque esos aviones nunca regresaban.

La ignorancia acerca de los fracasos invisibles sesga nuestro juicio en muchas áreas de la vida moderna. Surge cuando prestamos atención de manera selectiva a los asombrosos antes y después de algún nuevo programa de ejercicios y no tenemos en cuenta a todos los clientes que nunca llegaron a obtener más que una membresía de gimnasio sin devolución y la autoestima vapuleada. Lo mismo sucede cuando intentamos copiar de manera exacta la trayectoria profesional de un modelo a seguir porque vemos cómo a él le funcionó, aunque la misma estrategia puede haber fracasado para otros cientos de personas que nunca vemos. Aparece cuando deambulamos por un museo, admirando la artesanía de todos esos antiguos constructores egipcios y costureras victorianas, argumentando que ya no se hacen las cosas como solían hacerse. Mientras tanto, no tenemos en cuenta toda la ropa, obras de arte y edificios antiguos que no eran tan hermosos o magistrales como para conservarlos. En definitiva, sí se hacen las cosas como solían hacerse, ¡muchas más de ellas, de hecho! Simplemente también hay un exceso de basura en toda la mezcla. Por cada corpiño nuevo y deslumbrante hecho a mano, hay un vertedero de camisetas descartables de mala fabricación. En contraste, todo lo que queda de los «viejos tiempos» son sus productos de más alta calidad, y por esa razón, eso es todo lo que vemos.

Un verano abrasador en Los Ángeles, Casey y yo comimos hongos mágicos y visitamos el Museo Getty. Construido a finales de la década de 1990, la arquitectura del Centro Getty se asemeja a una ciudad del futuro lejano. Entre las montañas secas y rojizas de Malibú brotan edificios geométricos de color hueso y jardines serpenteantes como banderas en la luna. Oímos que había una fascinante exposición sobre «Mitos de la Edad Media» que valía la pena visitar y pensamos que una pizca de psilocibina sería una buena combinación. Paseando entre las exhibiciones de vasijas de farmacia ornamentadas y pergaminos escritos en inglés antiguo, quedé atónita ante la destreza artística de todas las personas del siglo XIV. Luego recordé que este museo no representaba a *todos*. De hecho, la mitad de los objetos en exhibición ni siquiera eran genuinas piezas medievales: el objetivo de la exposición era destacar las reimaginaciones románticas de la Edad Media que se hicieron en los años posteriores, a la vez que la artesanía se volvía más sofisticada, no menos. A medida que una exhibición con paredes de terciopelo daba paso a un atrio de mármol, me invadió la nostalgia por los millones de objetos que no habían llegado a estas galerías por el simple hecho de no ser material de conservación. Nunca ves las artesanías mediocres hechas por adolescentes aburridos o pintores *amateurs* del siglo XV, porque simplemente no eran tan robustas o especiales como para durar. Mientras miraba deslumbrada un exquisito libro de cuentos de hace seiscientos años que perteneció a un rey, me imaginé los abrigos de lana que pica y las flautas gemshorn fuera de tono que podrían haber fabricado mis propios tátara tatarabuelos. Pensé que si esas reliquias mediocres hubieran sobrevivido tendrían un gran significado para mí, incluso aunque no hubiera duda de que no eran dignas de un exhibidor con vidrio antirreflejo.

De las seis chicas convalecientes que entrevisté, solo una, además de Racheli, sobrevivió. Su nombre era Mary. Le diagnosticaron sarcoma de Ewing, un cáncer óseo infantil, a los quince años. Todavía mantengo contacto con ella en Instagram, y es sin duda alguna mi uso más positivo de la aplicación. Se me hace un nudo en la garganta cada vez que la veo alcanzar cualquier hito de la vida, grande o pequeño: graduarse de la secundaria, aprobar los exámenes de acceso a la universidad, un nuevo color de cabello, que volvió a crecer como una avalancha. Cuando entrevisté a Mary en 2017, acababa de terminar la última de sus catorce rondas de quimioterapia. El vello había comenzado a regresar a su cuero cabelludo en parches de color castaño, como continentes en un globo lechoso. Todavía era menor de edad cuando pasó por el tratamiento, así que las decisiones sobre su salud no estaban del todo en sus manos. Los vídeos de YouTube que filmaba y editaba, como, por ejemplo, «Una semana con una paciente de cáncer | vlog hospitalario», «Lo mejor y peor de tener cáncer», se convirtieron en una forma placentera de obtener cierto control. Y la sensación de rutina le ayudó a pasar esas largas y aburridas estadías en el hospital. «Cuando me enfermé, estaba de verdad sola y no tenía muchas formas de comunicarme con las personas», explicó Mary. «YouTube fue terapéutico. Aunque había muchas cosas terribles sucediendo, pude convertir esas cosas terribles en un vídeo, en arte. Pude compartirlo con la gente a mi manera. Eso me ayudó a sobrellevarlo». Casi todos los días, los espectadores dejaban comentarios diciendo que los vídeos de Mary ponían sus problemas en perspectiva: rupturas, malas calificaciones. «Cuando ves a alguien en una batalla tan extrema, tan lejos de lo que has experimentado, te das cuenta de que puedes superar tus propias luchas», dijo ella.

Si bien es extraño encariñarse mucho con alguien y luego lamentar su muerte sin llegar a conocerlos en persona, los expertos en salud mental coinciden en que es uno de los pocos usos saludables de las redes sociales. Presenciar los desafíos, los festejos y las pérdidas cotidianas de un joven extraño obliga a los seguidores a mirar más allá de sus propias circunstancias. «Muchas chicas se preocupan porque un día tienen mal el cabello», dijo la Dra. Peg O'Connor, una académica de salud conductual y profesora en la Universidad Gustavus Adolphus College de Minnesota. «Pero hay una gran diferencia entre tener mal el cabello porque tu flequillo está demasiado largo y tener mal el cabello porque se te están cayendo mechones».

De la misma forma en que solo perduran las piezas de arte físico de generaciones pasadas más excepcionales, los usuarios de redes sociales suelen exhibir solo las partes más brillantes de sus vidas. YouTube funcionó como un espacio de galería virtual para los «imperfectos» vlogs de las chicas al borde de la muerte que desafiaron el sesgo de supervivencia como el arte físico nunca podría hacerlo. Sus crudos bocetos de la enfermedad, hechos por ellas mismas día tras día, eran artefactos digitales, una colección de alfarería y tela *amateur* que no puede desintegrarse con el paso del tiempo. Los vídeos de estas jóvenes también cuestionaron las representaciones irreales del cáncer que prevalecen en las noticias, que solo inflaman el sesgo de supervivencia de los espectadores. El «morbo de la inspiración» define un género completo de medios donde aparecen personas con graves impedimentos de salud que derrotan obstáculos a pura voluntad. La mayoría de los estadounidenses con discapacidades no tienen empleo o el suficiente apoyo, sin importar cuán resolutos sean. Un estudio de 2015 publicado en la *Disability and Health Journal* (*Revista de discapacidad y salud*) concluyó que las personas con discapacidades físicas tienen un 75 % menos de probabilidades de satisfacer sus necesidades médicas que sus pares sin discapacidades[73]. «En gran medida las personas con discapacidades no han sido reconocidas como una población merecedora de la atención de la salud pública», concluyó otro estudio de 2015 de la *American Journal of Public Health* (*Revista estadounidense de salud pública*). Los hallazgos mostraron que los adultos con defectos congénitos, enfermedades de inicio tardío o lesiones tenían casi tres veces más probabilidades de estar desempleados y más del doble de probabilidades de tener un ingreso familiar menor a quince mil dólares[74]. La mayoría de los pacientes terminales de cáncer no tienen recuperaciones «milagrosas» gracias a sus magníficas actitudes. La mayoría de las chicas al borde de la muerte no se vuelven famosas en YouTube.

Cuando se enfermó mi madre y el dialecto del cáncer ingresó en mi léxico, me impresionó cómo las personas se apropiaban de manera muy natural del lenguaje del éxito y el fracaso para describir la vida y la muerte. «Perder» la «batalla» contra el cáncer era una renuncia elegida; era «rendirse», «entregarse». Se daba por sentado que la lección era atesorar la vida como el oro, y aquellos que la «ganaban» debían merecerla.

Incluso más allá de los ámbitos relacionados con la discapacidad y la muerte, el sesgo de supervivencia puede crear binarismos de éxito/fracaso demoledores. Consideremos las leyendas sobre los CEO del mundo de la tecnología que abandonaron la universidad para convertirse en multimillonarios. La mentalidad predominante está tan enamorada de los que dejaron los estudios y se volvieron ricos que en 2011 el multimillonario de tecnología y contrarrevolucionario de derechas

Peter Thiel lanzó un programa que otorgaba cien mil dólares a jóvenes emprendedores que planeaban abandonar la universidad. Las historias que desafían las probabilidades pueden deslumbrarnos, pero implican de manera falsa que, con la habilidad y el esfuerzo adecuados, las riquezas están disponibles para cualquiera, y si fallas eres la triste excepción en lugar de la norma invisible. Son mucho más comunes las historias no contadas de aquellos con habilidades y determinación del mismo calibre, pero cuyos negocios nunca despegaron debido a factores fuera de su control: falta de riqueza familiar y conexiones, prejuicio sistémico, un mal momento. En 2017, la revista *Forbes* descubrió que el 84 % de los principales multimillonarios de los EE. UU. se graduaron de la universidad, la mayoría obtuvo títulos de Harvard, MIT o Stanford[75]. Este 0,000001 % tenía más probabilidades de tener una maestría o un doctorado que ningún título en absoluto.

Dejemos de lado a los multimillonarios. Si se focaliza solo en los retratos de los millennials que «fueron exitosos» en contextos cotidianos (compraron propiedades, se fueron de vacaciones a Islandia ese verano cuando parecía que todos estaban en Reykjavík) se distorsiona la realidad de que la experiencia promedio de los millennials es menos abundante. Según datos de Pew Research y la Reserva Federal, estos jóvenes tienen más probabilidades de vivir en la pobreza que los de la Generación X y los *baby boomers* a edades similares[76]. En 2022, la Reserva Federal informó que el 31 % de los millennials estadounidenses y el 36 % de los Generación Z estaban ahogados por la deuda estudiantil, que se duplicó o más entre 2009 y 2019[77]. Mientras tanto, Internet sugiere que a todos los jóvenes solo les importan los pantalones deportivos de diseñador y el pescado enlatado. Quizás algunos pagan dieciséis dólares por un envase de diseño con anchoas dentro porque saben que nunca saldrán de los números rojos, entonces, ¿qué importa de todos modos?

En sus raíces, el sesgo de supervivencia es como el sesgo de proporcionalidad en el sentido de que está impulsado por un malentendido fundamental sobre la causa y el efecto. De manera similar a los juicios erróneos que inspiran las teorías de conspiración, el sesgo de supervivencia alienta a los pensadores a leer causación positiva en patrones donde solo existe correlación. Cuando los comentaristas de YouTube de Racheli vieron el brillo alentador de sus ojos, el sesgo de supervivencia los convenció de que una mentalidad alegre era sin duda lo que la salvó. Este anhelo de transformar la desgracia sin sentido en una narrativa lógica fue parte de lo que motivó a Racheli, Sophia, Mary y Claire a lanzar sus canales de YouTube en primer lugar. En medio del torbellino de reacciones que viene con un diagnóstico médico grave está la agonía de ver que tu vida está regida por el azar y no hay nada que puedas hacer al respecto. La primera vez que hablamos, Racheli comentó que la posibilidad de subir vídeos a YouTube e impactar a sus suscriptores para bien le ayudaba a sentir que la experiencia tenía un poco menos de sinsentido.

«Me ayudó a sentir que los tiempos difíciles servían para algo», dijo ella, «que no estaban sucediendo por ninguna razón».

A menudo queremos sentir que las vidas humanas reales son como películas bien escritas. Deseamos obstáculos, drama y, en última instancia, un final que brote de los bulbos plantados. He escuchado a guionistas discutir los beneficios de la narración «pero/por lo tanto» frente a la narración «y entonces». Los malos guiones de películas pegan un evento aleatorio tras otro evento aleatorio («y entonces, y entonces, y entonces»). Esto resulta en una historia insatisfactoria que no funciona. Por el contrario, los guiones convincentes plantan semillas narrativas, luego crean conflictos y resoluciones que brotan en consecuencia («por lo tanto», «por lo tanto», «pero», «por lo tanto»). Anhelamos esta estructura en nosotros mismos tanto como en la ficción.

La vida no es un guion, pero YouTube cae en algún lugar intermedio. Los vlogs de vídeo difuminan las líneas entre la experiencia real y la narrativa, la celebridad y la adolescente enferma, el público y los amigos. Cuando los eventos no se desarrollan para que la historia «funcione de manera coherente», algunos espectadores se agitan y arremeten. La mayoría de los comentarios que Racheli, Mary, Sophia y Claire recibieron en sus vídeos fueron de apoyo, pero era difícil no enfocarse en las muestras de hostilidad, aunque fuesen pocas. Incluso aquellos que se enfrentan a lo impensable, a quienes han obligado a superar las «pequeñeces», no son inmunes al malestar que genera la malicia de Internet. Sophia Gall, de quince años, dijo que recibió algunos comentarios acusándola de fingir su enfermedad y exigiendo que la encarcelaran. «Desearía que fuera verdad», se rio con mucha pena.

A sus cuarenta años, Raigda Jeha era parte de una facción más pequeña de vloggers de la Generación X que no crecieron con pantallas. En contraste con los cortometrajes con mucha producción de Mary y los vlogs llenos de acción de Racheli, los vídeos de Raigda estaban en general grabados en una toma. Sentada, sosteniendo su teléfono estilo selfie, charlaba de manera muy familiar sobre qué alimentos y tratamientos le habían venido bien en los últimos tiempos. Aconsejaba a los espectadores que tomaran un papel activo en su propio cuidado, un enfoque paliativo, y los alentaba a sopesar el consejo de sus médicos con su propia felicidad. Después de publicar su primer vídeo, Raigda recordó a un chico que le preguntó por qué se molestaba en maquillarse si se estaba muriendo. «Y luego te llegan los trols diciendo: "¡Tengo la cura! ¡Cómprala!"», contó. «O personas enojadas conmigo por promover la medicina alternativa, cosa que no estoy haciendo. No hay cura para mí. Solo estoy compartiendo mi vida mientras aún la tengo».

Al servicio de las expectativas equilibradas, los estudios cuantitativos han notado una correlación entre el optimismo y la buena salud. Una predisposición esperanzada está conectada con niveles más bajos de depresión en pacientes depresivos, menor riesgo de ataques cardíacos y accidentes cerebrovasculares y, en general, vidas más largas. Cuando comienzas una nueva rutina de ejercicio y te enfocas solo en sus beneficios, técnicamente puede ser una interpretación sesgada de los resultados; sin embargo, un estudio de 2019 descubrió que los participantes con los niveles más altos de optimismo «irracional» vivieron entre un 11 % y un 15 % más que aquellos que no tenían la práctica de pensar en positivo[78].

Por supuesto, la esperanza solo puede ayudar a un cuerpo hasta cierto punto. Como dijo Siddhartha Mukherjee, autor de *El emperador de todos los males*, «en un sentido espiritual, una actitud positiva puede ayudarte a superar la quimioterapia, la cirugía y la radiación y lo que sea. Pero una actitud mental positiva no cura el cáncer, al igual que una actitud mental negativa no causa cáncer»[79]. En el caso de Talia, Raigda, Sophia y Claire, un temperamento alegre no les «ganó» la recuperación. Y aunque sus vidas fueron cortas, me maravilló ver cómo las disfrutaron. ¿No debería el placer por sí solo contar como «éxito», incluso si no se puede medir de la misma manera?

Minaa B., terapeuta de la ciudad de Nueva York y educadora en salud mental, es también de la opinión de que, más allá de la longevidad, vale la pena desarrollar una práctica de optimismo. «Carecer de optimismo es en gran parte un problema porque significa carecer de voluntad personal para actuar», me dijo. «Es cuando queremos que la vida sea diferente pero nos despertamos y hacemos lo mismo una y otra vez. No estamos planeando, creando, pausando y diciendo "Voy a tomar el control"». Hay una comodidad en la inercia incluso cuando es miserable, porque el cerebro sabe qué esperar. Probar algo nuevo, como comenzar un canal de YouTube cuando tienes una enfermedad grave, viene con incertidumbre; pero también produce las recompensas que inspiran esperanza. «Todo el mundo en esta tierra tiene responsabilidades y dificultades, pero crear optimismo significa crear cambios placenteros que fluyen con esas responsabilidades cotidianas, para que podamos sentir significado y propósito», comentó Minaa B. Siempre habrá malas rachas «y luego» otras peores que amenacen nuestra alegría. Preguntémonos, entonces, sugirió Minaa, «¿Cómo puedo hacer que la vida sea más placentera dentro de mi locus de control?».

Unos meses después del fallecimiento de Raigda, su hija subió un vídeo conmemorativo a su canal. Lo acompañaba una leyenda que decía: «Ella esperaba con ansias hacer vídeos para vosotros todos los días e inspirarlos a todos. Le habéis dado esperanza y ganas de hacer algo cada mañana. Su muerte no significa que debáis perder la esperanza, debería enseñaros que no importa qué obstáculos se interpongan en el camino, sabed que el dolor es temporal y sed agradecidos».

A través de YouTube, Raigda, Talia, Sophia y Claire mostraron que la muerte era real, que los «milagros» no son la única evidencia que vale la pena presentar. Visibilizaron a los que abandonan la universidad y no se convierten en multimillonarios y a los aviones que nunca vuelven a casa. No solo catalogaron, sino que humanizaron y dignificaron los datos que nunca vemos. En cierto sentido, YouTube también les permitió burlar a la muerte. «Tengo una gran familia, y estos vídeos son algo que puedo dejar cuando no esté», me dijo Raigda tres meses antes de su fallecimiento; la melodía de su dulce voz recordaba al canto de despedida del chercán. Al elegir documentar sus últimos días en sus propios términos, las chicas al borde de la muerte pudieron bailar con la mortalidad, en lugar de dejar que las destruyera. Y una vez que sus días de creación terminaron, su familia y sus seguidores podrían volver en cualquier momento y ver sus cientos de vlogs, como si aún estuvieran aquí, poniéndose purpurina sobre los párpados.

6

HORA DE ENTRAR EN UNA ESPIRAL

Una nota sobre la ilusión de recencia

> Por desgracia, el tiempo que hace medrar y decaer
> animales y plantas con pasmosa puntualidad tiene un
> efecto menos simple sobre la mente humana.
>
> VIRGINIA WOOLF, *Orlando*

Durante un breve lapso, pero muy estimulante, creo de verdad que los extraterrestres pueden bombardearnos de una vez por todas. En una tarde pegajosa algo inusual para Los Ángeles, el aire denso y pantanoso como para proyectar un aura siniestra, el amor de mi vida y yo flotábamos como platillos voladores gemelos sobre el brillo insomne de la pantalla de mi computadora, cuando de repente contenemos el aliento al escuchar a un exoficial de inteligencia del ejército de los EE. UU. advertirnos de que sí, los ovnis existen, y sí, podrían venir a por nosotros en cualquier momento.

La fecha es el 16 de mayo de 2021, y aunque Casey y yo estamos cómodos en casa, es posible que esa «casa» ya no sea nuestra por mucho más tiempo. O al menos eso dice la última publicación en el canal de YouTube de *60 Minutes*.

«Hemos abordado muchas historias extrañas en *60 Minutes*, pero tal vez ninguna como esta», comienza diciendo un corresponsal con bigote del canal CBS, cuya cadencia de periodista de TV dilata la gravedad en la sala. «Es la historia de cómo el gobierno de los EE. UU. reconoce a regañadientes la existencia de los fenómenos aéreos no identificados, *FANI*, más conocidos como ovnis».

Con los ojos tan abiertos como los anillos de Saturno, Casey y yo nos acomodamos en el sofá en la oscuridad mientras el corresponsal entrecierra los ojos ante un panel de testigos de ovnis de primera mano: un puñado de ex pilotos de la marina y oficiales de las fuerzas aéreas, y los escudriña en busca del engaño. Un exteniente con la mirada perdida y el cuero cabelludo afeitado habla sobre una flota de misteriosas naves aéreas que llegan zumbando a velocidades inexplicables a través del aire y el agua frente a la costa de Virginia «todos los días durante al menos los últimos dos años». El corresponsal interrumpe: «Un momento, ¡¿todos los días durante los últimos dos años?!». Resignado, el teniente asiente: «*Mm-hmm*».

El programa *60 Minutes* reproduce en bucle los mismos clips de vídeo con grano en blanco y negro capturados por cámaras militares de infrarrojo: un punto difuso de carbón sobrevuela por la imagen como una mosca animatrónica. Un isósceles iridiscente se desliza a través de la atmósfera, parpadeando como un faro… ¿o como un dispositivo de rastreo? Algunas de estas imágenes tienen décadas, pero ahora están saliendo a la luz, gracias a una orden del Congreso para que el Pentágono libere los documentos FANI no clasificados que al parecer han estado ocultando desde la década de 1980 [80]. A partir del próximo mes, el informe estará disponible para que cualquiera tenga acceso *online* de manera fácil como si fuera un hilo de Reddit. Estos FANI ahora se consideran oficialmente «un riesgo para la seguridad nacional», dice el ex funcionario de la CIA a CBS, y ya era hora de que el público lo supiera.

Casey y yo vemos juntos muchos vídeos del espacio. Pequeñas películas de Internet sobre la paradoja de Fermi, o la terraformación de la Luna, o cómo el cúmulo de galaxias más grande del universo observable se compara en tamaño con el quark más pequeño. Llevamos cinco años juntos, pero nos conocemos desde la infancia, una época en la que los extraterrestres, los dinosaurios y el ratoncito Pérez parecían igualmente plausibles. Casey y yo fuimos juntos a la escuela de artes escénicas en Baltimore y nos volvimos a encontrar una década después en Los Ángeles. Él vino aquí para componer música para películas y videojuegos; lo he escuchado en la otra habitación componiendo música para escenas de ciencia ficción que no eran muy diferentes a las que estamos viendo ahora. Aprender sobre agujeros negros y años luz se siente como terapia: dos adolescentes sensibles convertidos en adultos que piensan demasiado, que necesitan recordar lo insignificantes que somos con regularidad. A veces me pregunto si es por eso que la gente en Los Ángeles puede ser tan egocéntrica: el narcisismo no es innato, simplemente hay demasiada contaminación lumínica para ver las estrellas.

Siempre revisamos los comentarios. En cuanto empezamos a ver el vídeo de FANI, Casey y yo vamos a la sección pertinente para medir cómo es recibida esta amenaza retro de invasión alienígena por las masas. Él sugiere que los objetos no identificados podrían ser tecnología secreta rusa, si es que son algo. «Espero que sean extraterrestres, y espero que me abduzcan a mí primero», bromeo a medias, aunque mi presentimiento honesto es que no son más que una ilusión óptica: luz y color, que nos engañan en algún lugar entre la parte de la mente que ve y la parte que juzga. Cuando era niña, tenía un libro de ilusiones clásicas que me mantenía absorta durante horas: páginas de trucos visuales mentales, como el jarrón de Rubin (esa imagen ambigua tipo Rorschach que parece un cáliz o un par de caras), objetos imposibles (escaleras que parecen ascender para siempre, cubos que no se conectan en los ejes lógicos) y fotogramas de formas moteadas que parecen pulsar o girar debido al desplazamiento periférico, un fallo en nuestro sistema de detección de patrones. Algunos dicen que un sesgo cognitivo es una «ilusión social». Nuestras mentes siempre llenan los vacíos para contar una historia; en este caso, una historia asombrosa de la era espacial. «Esto es una locura, jajaja. El mundo cambia muy rápido delante de nuestros ojos», dice el comentario más resaltado del vídeo de FANI. El comentario tiene un total de diecisiete mil me gusta.

La preocupación más distópica que les ofrecieron los medios estadounidenses a nuestros frágiles nervios en 2021 no fue que hubiera llegado un enjambre de extraterrestres con tecnología hiperavanzada para vigilar y posiblemente incendiar nuestro humilde planeta, pero no estuvo tan lejos. En medio de la pandemia global, la crisis climática cada vez más intensa y las hambrunas en todo el mundo, ya había mucho a lo que prestar atención. Eran demasiados Armagedones para que nuestras queridas amígdalas de la Edad de Piedra pudieran procesar. A nivel empírico, no todos los titulares que capturaban nuestra atención llegaban a calificarse como «noticias», y mucho menos como urgentes, pero en general alarmarse parecía la respuesta más segura, al menos para mí. No es por presumir, pero soy una campeona en el arte de entrar en pánico por cualquier razón, por insignificante que sea. Preguntadle a Casey, quien tiene que lidiar con mis constantes gritos ahogados llenos de drama que escucha desde el otro lado de la casa día tras día. Es extraño; durante momentos de crisis real (como cuando nos encontramos con un oso mientras acampábamos hace unos años), me mantengo muy tranquila. Pero si mi algoritmo de YouTube me sugiere una charla TED de hace doce años sobre preparación para terremotos o por qué las prácticas funerarias estadounidenses están envenenando el suelo, sin importar que sea una colección inofensiva de píxeles o que el tema obsoleto del vídeo no represente una amenaza inmediata, de todas maneras, mi cuerpo entra en una espiral de ansiedad sin el permiso de mi mente.

Resulta que este estilo de pánico objetivamente sin sentido brota de un sesgo cognitivo arraigado llamado la *ilusión de recencia*, que es la tendencia a asumir que algo es nuevo de manera objetiva y, por lo tanto, amenazante, solo porque es nuevo para ti.* Cualquiera que haya respondido alguna vez a un «peligro» abstracto y no urgente como si estuviera a punto de que lo empujaran por un precipicio puede agradecérselo a esta falacia siempre presente, que nos engaña haciéndonos creer que algo acaba de suceder porque acabamos de darnos cuenta de ello, incluso si en realidad ha estado allí durante horas, meses o miles de años.

Acuñada en 2007 por el lingüista de Stanford Arnold Zwicky, la ilusión de recencia fue detectada por primera vez en el lenguaje. Se utiliza para describir el impulso de reaccionar a una palabra o construcción gramatical que nunca has escuchado antes deduciendo que debe ser alguna forma desviada de jerga, que ingresó al léxico de manera reciente y, por lo tanto, representa una amenaza para el idioma, como una mota de mala hierba que mancha un césped prístino. Este efecto explica muchas de las

---

* YouTube tiene toda una categoría que abarca la ilusión de recencia de manera explícita: una lista de reproducción personalizada en la página de inicio titulada «Novedad para ti» te sugiere vídeos de tres, cinco, doce años que sabe que no has visto. Al momento de escribir esto, mi sección «Novedad para ti» incluía la cobertura de noticias sobre una erupción volcánica de hace tres años, una explicación de astrofísica de once meses atrás sobre si existen o no otras dimensiones, y un vídeo de la revista *Vice* de 2013 titulado «¡Exposición canina de Westminster… bajo los efectos de ácido!». Como era de esperar, hice clic en todos ellos.

concepciones erróneas que encontré hace unos años mientras escribía sobre sociolingüística feminista. Por ejemplo, el caso de la gente que se molestaba muchísimo con la idea blasfema de usar «*they*» («ellos», pronombre plural en inglés) como pronombre singular en inglés, a pesar de que este uso se puede encontrar en escritos tan antiguos como los del siglo xiv (Chaucer, Shakespeare y Austen eran fanáticos del «*they*» singular). O cómo ponían el grito en el cielo por el uso hereje de «literalmente» para significar «no literalmente», a pesar de que esta definición existe desde hace doscientos cincuenta años.*

Había algo especial en el efecto que la historia de los ovnis tenía en la mente moderna. Durante esa semana de mayo, todos los que la escuchaban se aferraban a ella como la pelusa a un calcetín. Un ataque alienígena era un miedo unificador muy refrescante. La política parecía muy insignificante en comparación. Tienes muchos enemigos en la Tierra hasta que los conflictos se vuelven intergalácticos. Si nos vemos amenazados por un ejército de aerodeslizadores hipersónicos, incluso Mitch McConnell comienza a verse como una cara casi amigable. Una invasión celestial también parecía algo caprichosa. A diferencia de los otros peligros existenciales de la época, como el hambre o la enfermedad, este al menos se prestaba a la imaginación: ¿Cómo eran los alienígenas? ¿De qué parte del universo venían? ¿Vinieron para estudiarnos? ¿O a salvarnos? ¿O en comparación éramos tan

---

* No es anormal que las palabras lleguen a significar sus opuestos exactos. Dependiendo del contexto, «literalmente» puede significar «prácticamente» o «en efecto», y los diccionarios han aprobado durante mucho tiempo esta definición adicional. La segunda entrada para «literalmente» en Merriam-Webster dice: «usado de manera exagerada para enfatizar una afirmación o descripción que no es *literalmente* verdadera o posible». Cuando una sola palabra tiene dos definiciones que se contrarrestan entre sí, eso se llama un «contrónimo», y hay docenas de ellos en inglés, incluidas las palabras «*fine*» («bien») (que puede significar tanto muy agradable como simplemente adecuado), «transparente» (que puede significar tanto invisible como obvio), o el uso de «bad» («mal/malo») para significar «bueno» (como en, «Dios mío, eres *malííííííííííísimo*»).

primitivos que después de escanear nuestra linda esfera celeste cerúlea determinaron que no había vida inteligente que valiera la pena mencionar y estaban planeando atacar nuestros recursos un día de estos y continuar felices su camino, como quien tala un árbol para madera de desecho y no tiene compasión por sus inquilinos, las ardillas? De manera sensata o no, abracé esta versión de condena con temática espacial. Al fin teníamos un cataclismo con el que todos podríamos obsesionarnos por un rato. Eso fue un pensamiento ilusorio, por supuesto, y para mi desencanto, en la semana siguiente a nadie le importaban los ovnis. Los titulares habían virado hacia la escasez en las cadenas de suministro y hacia una perrita famosa en TikTok llamada Bunny, y también había cambiado el destino de los clics y los dólares publicitarios. Pero durante lo que pareció un periodo de tiempo más largo de lo habitual, nuestra atención colectiva estuvo atada a las estrellas.

Ver el programa *60 Minutes* con Casey aquella noche pegajosa de Los Ángeles fue como un acertijo. ¿No era demasiada coincidencia que estos enigmas celestes aparecieran justo cuando habíamos inventado la tecnología para verlos? Mientras navegaba entre toda la confusión y las teorías de conspiración de los comentarios de YouTube, estaba desesperada por entender por qué los informes del Pentágono se volvían tan amenazantes, cuando incluso en el improbable caso de que estos ovnis fueran de verdad alienígenas supersofisticados, era probable que hubieran llegado aquí hace milenios. Y si aún no nos habían hecho daño, no teníamos ninguna señal de que lo fueran a hacer. ¿Qué tiene la mente humana que nos convence de que una información nueva merece pánico, y luego, de manera igual de desconcertante, nos hace olvidarnos de golpe del asunto y pasar a otra cosa? Cuando las figuras con poder mediático tratan un suceso como un nuevo peligro inherente incluso cuando no lo es, ¿están fomentando el miedo a propósito por beneficio propio? ¿O alguna fuerza aún más poderosa los tiene bajo control también a ellos?

Cuando un comportamiento humano misterioso inspira la pregunta «¿Por qué somos así?» —y cuanto más tiempo estoy viva, más surgen esas preguntas—, la explicación psicológica suele ser una de dos cosas: o bien la irracionalidad en cuestión trae un beneficio evolutivo un poco antiguo (una muela de juicio cognitiva, por así decirlo), o es tan solo un efecto secundario poco conveniente conectado a algún otro rasgo útil de verdad (los científicos a veces lo llaman «*spandrel*» («enjuta»); el mentón humano es un ejemplo físico) *. Otras veces, no queda muy claro cuál es la fuente de un sesgo cognitivo y genera frustración, pero en el caso de la ilusión de recencia, es probable que sea lo primero.

Después de devorar el vídeo de los ovnis, me vi atrapada en una frenética búsqueda en Google que me llevó a un artículo que enumeraba la causa número uno de muerte en diferentes momentos de la historia humana. Hasta la aparición de la agricultura, la mejor suposición de los antropólogos es que la mayoría de las personas que superaban la infancia perecían por causas externas, como caídas, ahogamientos o ataques de animales. Cuando las lesiones repentinas y evitables eran la principal fuente de peligro, valía la pena estar en alerta máxima ante amenazas repentinas y evitables. En el caso de que un depredador se moviera en los arbustos, suponía un detalle trivial tanto si era nuevo de verdad o solo nuevo para ti. Nuestra atención era limitada, y era natural que cualquier dato nuevo la demandara cada vez. «La

---

* Los humanos son la única especie viva que tiene mentón. A medida que las dietas cambiaron a lo largo de los milenios, nuestros huesos y músculos mandibulares se volvieron más compactos, pero dejaron atrás una pieza extraña de hueso que sobresale en la parte inferior de nuestros rostros: el mentón, el cual en sí mismo no cumple un propósito claro. Ahora imaginemos a un gato con mentón. Es extraño.

recencia está vinculada a la relevancia, ¿verdad? Pensamos que algo reciente es más importante», me explicó en una entrevista Sekoul Krastev, cofundador de la firma de investigación en economía conductual The Decision Lab.

La atención humana sigue siendo limitada, pero como los estímulos modernos suelen ser más conceptuales que un movimiento en los arbustos, es más difícil saber dónde dirigir nuestra atención, qué peligro genuino es digno de nuestra angustia. En su libro *Cómo no hacer nada: resistirse a la economía de la atención*, la artista y crítica de tecnología Jenny Odell articuló la relación que existe entre la capacidad de atención, la velocidad y las noticias de baja calidad[81]. Se lamentó de que la presión capitalista de «colonizar el yo», de tratar nuestros cuerpos y mentes como máquinas de productividad, sea idéntica a la que coloniza nuestro tiempo con exceso de noticias. «Me fijaba en que los medios por los que cedemos nuestras horas y nuestros días son los mismos con los que nos bombardeamos con informaciones y desinformaciones, a un ritmo francamente inhumano», escribió Odell.

Al combinar las noticias digitales con la ilusión de recencia se produce un potente alucinógeno. Es increíble lo rápido que este elixir de dos ingredientes distorsiona nuestra capacidad para discernir entre qué dato es nuevo u obsoleto, relevante o desechable, amenazante o seguro. Una vez que la atención misma se convirtió en una forma de moneda, los medios de comunicación en línea se vieron incentivados a enmarcar cada suceso como urgente y peligroso como una manera de competir por nuestra atención. Durante los cinco años que trabajé como editora de belleza, mi tarea era producir seis artículos diarios que obtuvieran el tipo de participación viral del vídeo alienígena de *60 Minutes*. Todos los días, mi equipo de editores tenía la tarea de volver a promocionar historias antiguas, renovando solo los titulares para que parecieran información crucial: «Nueve errores en tu dieta que causan hinchazón y que los nutricionistas quieren que dejes de cometer desde *ayer*», «Esta base de maquillaje aprobada por Kendall Jenner está volando de los estantes», «¿Podría este nuevo ingrediente para el cuidado de la piel causarte acné en las nalgas sin que lo notes?». Probábamos con la audiencia para determinar qué títulos o qué asunto en los boletines virtuales generaban la mejor tasa de clics. (Los números impares funcionaban mejor que los pares; las Kardashian estaban fuera, ahora solo importaban las Jenner. Estas estrategias hoy en día nos parecen prehistóricas en comparación con las herramientas de inteligencia artificial y *neuromarketing* que están esperando a salir detrás de bambalinas). El juego de comprimir las estructuras que generaban clics y convertirlas en un titular era una verdadera locura. Nosotros, los editores, no explotábamos el sistema nervioso de los lectores a propósito. No sabíamos de neurociencia. Pero había un entendimiento implícito en esa oficina de que si un problema daba la sensación de ser nuevo, parecería más grave y, si daba la sensación de ser más grave, era probable que provocara el interés de los espectadores y que generara más tráfico e ingresos para nuestros jefes, y por ende garantizara nuestros empleos. Los riesgos en el periodismo de belleza son bajos, pero las redacciones de noticas de relevancia también están incentivadas a generar tráfico de esta manera. Piensa en la elección de la CIA de cambiar OVNIs por FANI. Eso no fue motivado solo por la precisión, sino que también fue una actualización de titulares.

Los titulares y las imágenes en miniatura previas a los vídeos ejercen un poder fisiológico sobre nosotros[82]. Trabajan para secuestrar nuestras amígdalas, la pequeña región en forma de riñón del sistema límbico del cerebro, su sede emocional. Algunos psicólogos apodan a la amígdala nuestro «sistema de alarma» cognitivo. Cuando el área recibe una señal que indica peligro u oportunidad, libera una avalancha de hormonas, lo que nos hace sentir sensaciones corporales específicas (mariposas en el estómago, náuseas). Al instante, estas sensaciones afectan la dirección de nuestro enfoque, configurando casi todo lo que hacemos de manera inconsciente: nuestros estilos de argumentación, nuestros enamoramientos, la forma y el tamaño de nuestras búsquedas en Internet. La sede emocional del cerebro es mucho más antigua y primitiva que su departamento de racionalidad, la corteza prefrontal. El sistema límbico ha existido desde que las únicas dos preocupaciones significativas de los seres humanos eran encontrar comida y evitar convertirse en ella. Con el paso de los milenios, nuestros sistemas nerviosos simpáticos se volvieron expertos en asumir lo peor. Después de todo, no existía ninguna ventaja en «racionalizarse» para no tener una reacción exagerada ante un estímulo. Los riesgos eran demasiado altos. En la noble búsqueda de la supervivencia, nuestro cerebro emocional tiene «prioridad» para interpretar la información entrante. Si bien la corteza prefrontal está bien equipada y puede ordenar conjuntos de datos complejos antes de llegar a una conclusión, solo tiene prioridad secundaria, y la amígdala prefiere llegar allí a través de un salto de pértiga cognitivo. En la lucha por distinguir entre acantilados empinados y sensacionalismo, nuestras hormonas del estrés responden a ambos con las mismas reacciones de lucha, huida y parálisis, reacciones que, en la era digital, se han vuelto valiosas y codiciadas.

Si el *clickbait* o ciberanzuelo es el detonante que activa nuestros sistemas de alarma cognitiva, los algoritmos de noticias son los anarquistas que lo accionan. Se te presenta una señal inicial: Apple News te envía un artículo sobre los FANI a tu bandeja de entrada, y si interactúas con esa noticia, es muy probable que veas muchísimo más de lo mismo. En tiempo real, una serie de alarmas, tanto verdaderas como falsas, se personalizan para tu sistema límbico, por lo que pronto solo podrás hablar sobre los FANI, o el acné en el trasero, o de los peligros de usar «literalmente» de modo figurado. Es posible que el contenido no sea del todo nuevo, pero tu mente reacciona al estrés de verlo igual de rápido que ante un ruido en la maleza. Mientras escribía para revistas en línea, vi cómo se cocinaba desde dentro y, aún así, devoraba todo con avidez. La industria de los medios digitales no podría existir sin la ilusión de recencia y, aunque gran parte del alarmismo se fabrica con malicia y dinero, este sesgo no perdona a nadie. He visto a altos directivos de medios leer sus propios titulares y enloquecer. Nadie se preocupó más por la hinchazón y el acné en el trasero que el CEO de esa página web de belleza.

Durante un tiempo, en mayo de 2021, diecisiete mil usuarios de YouTube, incluyéndome a mí, contemplamos un montón de platos voladores zigzagueando por la pantalla y sentimos en lo profundo de nuestro ser que el mundo estaba cambiando «justo delante de nuestros ojos». Pero luego el mundo no cambió… al menos no tanto como para mantener elevados nuestros niveles de hormonas del estrés y continuar enfocados en los FANI. En cuanto se determinó que no había círculos en los cultivos, ni abducciones, pasamos a otra cosa.* En un ciclo de noticias que muda su piel y la regenera cada hora, no podemos dejar de desviar nuestra atención cuando los acontecimientos pierden su brillo y hacer espacio para el próximo desastre potencial, incluso si la novedad es objetivamente menos relevante que la amenaza anterior.

---

* Las recompensas hormonales que se generan al revisar nuestros teléfonos de manera constante fatigan la mente tanto como los factores estresantes. En estudios sobre la adicción al teléfono se descubrió que los pequeños golpes de dopamina que mantienen a los usuarios ansiosos por las notificaciones vienen con un efecto secundario trágico: en realidad inhiben la cantidad de dopamina que sentimos cuando estamos expuestos a novedades en la vida real[83]. Dicho de otra manera, la adicción al teléfono disminuye nuestra capacidad para disfrutar de nuevas experiencias en el mundo físico. Cuando estás enganchado a la novedad en forma electrónica, los nuevos alimentos y las flores pierden su magia.

He aquí un recuerdo de cinco años antes de las noticias sobre los FANI. En el verano de 2016, la vida cotidiana de todas las personas a las que apreciaba giraba en torno a las protestas y recaudaciones de fondos tras la tragedia en el club nocturno Pulse, un tiroteo masivo en una disco LGTBQ+ en Orlando (Florida). Pero cuando llegó el otoño, parecía que esas olas de intensa y visceral indignación habían llegado a su punto más alto para luego disiparse. Mis redes sociales pasaron de estar repletas de vociferante contenido contra la violencia armada y manifestaciones de furia a llenarse de selfies con gestos de labios fruncidos y fotos de *brunch*. Yo también estaba desconcertada por mi propio comportamiento. ¿Por qué ya no estaba gritando a todo pulmón sobre la Segunda Enmienda?

Los científicos del cerebro están de acuerdo en que estos cambios repentinos no siempre se producen porque todo nos da lo mismo. Como explicó el investigador sobre decisiones Sekoul Krastev: «Los problemas que salen a la luz durante los ajustes de cuentas sociales como los movimientos del #MeToo y Black Lives Matter (Las vidas negras importan) ya existían mucho antes y, en cierto sentido, las reacciones que aparecieron llegaban muy atrasadas. Pero el problema es que el mismo poder que les dio importancia a esos problemas, enseguida viró y les dio importancia a otras cosas». Nuestros sistemas nerviosos luchan por mantener la agitación ante las múltiples crisis que las plataformas de noticias nos presentan, en especial cuando no se producen cambios materiales de inmediato. «El cerebro no está preparado para estar expuesto al trauma tan seguido. También necesita retroalimentación positiva para ayudarnos a salir del modo de supervivencia», agregó la psicoterapeuta Minaa B. Los sesgos cognitivos como la ilusión de recencia nos alientan a ver el mundo a través de un filtro blanco y negro, de vida o muerte. «Pero si no podemos reconocer el hecho de que la vida no es ni *todo* pánico ni *todo* felicidad, eso solo agrava los sentimientos de ansiedad y depresión. No es útil. Necesitamos honrar la idea de que múltiples verdades pueden existir al mismo tiempo», dijo Minaa.

Un estudio de 2019 realizado por científicos de la Universidad Técnica de Dinamarca sugirió que, en el último siglo, la enorme cantidad de información conocible ha hecho que la capacidad de atención a nivel global se reduzca[84]. «Parece que el tiempo de atención asignado en nuestras mentes colectivas tiene un tamaño determinado, pero los elementos culturales que compiten por esa atención se han vuelto más densos», comentó Sune Lehmann, uno de los autores del estudio[85]. Este agotamiento cognitivo, junto con nuestra atracción por lo nuevo, nos hace cambiar con rapidez de tema. Desde la perspectiva de la ilusión de recencia, después de una presión inicial, la gente tiende a olvidarse de algo tan rápido como lo asimiló. Por supuesto, algunos no tienen el privilegio de redirigir su atención al problema más actual, porque el anterior sigue siendo una emergencia aún activa para ellos. No solo para sobrevivir, sino para mejorar nuestro mundo cada vez más complicado, tenemos que recordar que al evaluar la importancia de las preocupaciones contemporáneas no siempre podemos contar con nuestra atención como el barómetro más confiable.

Nunca alcanza el tiempo y el sentido escasea, y los sesgos cognitivos que más logran marearnos están relacionados con la maximización de ambos. Los líderes de empresas han intentado crear esquemas para reconciliarlos en el lugar de trabajo, como es el caso del fallecido Peter Drucker, quien publicó varios libros a lo largo de su vida sobre la gestión del tiempo. «La eficiencia es hacer las cosas bien; la eficacia es hacer las cosas correctas», escribió Drucker en *El ejecutivo eficaz,* de 1992. «No hay nada más inútil que hacer con gran eficiencia algo que no debería haberse hecho en primer lugar». Una de sus técnicas características fue crear una matriz de urgente vs. importante, que también podría denominarse una «matriz de tiempo-sentido»[86]. Una tarea profesional no tiene más sentido solo porque es urgente, y viceversa. Algunas cosas son ambas, como grandes proyectos con fechas límite próximas, pero la mayoría de las cosas son una u otra. Por ejemplo, fomentar relaciones con diferentes personas para establecer nuevos contactos es importante pero no urgente, algo para programar más adelante. Una reunión donde no eres un participante clave puede ser urgente pero no importante, algo en lo que poner menos esfuerzo o incluso delegar. Muchas cosas no son ninguna de las dos. Aplicar esta matriz a mi vida personal me ha brindado una dosis involuntaria de claridad. Podría categorizar la lectura de noticias como importante pero no siempre tan urgente. ¿Cómo podría mejorar realmente nuestra comprensión de las noticias si pausáramos nuestro consumo hasta mañana, o incluso lo postergáramos todo para el fin de la semana? Para mí, mirar las estrellas o sostener la mano de Casey puede que no sean asuntos urgentes, pero son significativos. Un episodio lleno de drama en las redes sociales puede parecer urgente, pero casi nunca es importante. Pensándolo bien, ni siquiera es urgente. Es «algo que no debería hacerse en primer lugar». Cuanto más lo pienso, la gran mayoría de los «problemas» que se me cruzan a cada hora no son ni urgentes ni importantes como para requerir toda mi atención inmediata, y mucho menos ocasionar pánico total. Las señales apuntan a que el tiempo es más abundante de lo que parece.

Me fascina la forma de percibir el tiempo de los humanos, en especial la manera precisa con que nuestros cuerpos pueden seguir el paso del tiempo con los ritmos circadianos (los relojes internos de nuestras células, que están sincronizados casi de manera perfecta con el ciclo de luz-oscuridad de veinticuatro horas de la Tierra), y, por otro lado, la capacidad de nuestra mente para distorsionarlo. Muchos de mis pensadores favoritos se vieron atormentados por la asombrosa flexibilidad del tiempo[87]. En su novela de 1928, *Orlando*, traducida en 2003, Virginia Woolf señaló: «Una hora, una vez instalada en la mente humana, puede abarcar cincuenta o cien veces su tiempo cronométrico; inversamente, una hora puede corresponder a un segundo en el tiempo mental. Ese maravilloso desacuerdo del tiempo del reloj con el tiempo del alma no se conoce lo bastante y merecería una profunda investigación». En 1955, Albert Einstein escribió una carta a la afligida familia de su difunto amigo Michele Besso, que decía: «Las personas como nosotros que creemos en la física sabemos que la distinción entre pasado, presente y futuro es solo una ilusión terca y persistente» [88]. Es sorprendente cómo las mismas seis horas pueden escurrirse como piedrecitas dentro de un palo de lluvia si estás mareada a causa del alcohol durante un concierto, balanceándote al son de una banda que adoras, pero se arrastrarán en agonía si estás esperando en la oficina de tráfico, o bajo el efecto de sustancias en una fiesta rodeada de desconocidos con rostros desalineados.

Cuando Casey y yo nos enamoramos, esos primeros meses pasaron tan rápido como un tren de levitación magnética. Una década después de habernos visto por última vez en Baltimore, descubrimos que habíamos vivido a dos manzanas de distancia en Los Ángeles durante años y nunca lo supimos. Un intercambio jocoso de mensajes directos a través de las redes nos llevó hasta una cita en el bar de tejo de la esquina donde bebimos unos tragos a cuenta de la nostalgia. Para mí, Casey conservaba el mismo aspecto que cuando tenía quince años, afeitado y jovial, pero con la adición de unas gafas de carey que sugerían pedigrí. Se había graduado de una universidad prestigiosa; ya me lo imaginaba usando ropa de marcas elegantes y sofisticadas. Mientras tanto, yo era una editora de belleza con demasiadas mechas; él estaba nervioso porque hubiera teñido también mi espíritu. Pero no hay efecto embriagador más fuerte que la mezcla de familiaridad y sorpresa. Cinco minutos después de habernos reunido, Casey y yo ya habíamos decidido que queríamos estar juntos. ¿*Fueron* solo cinco minutos? El tiempo se extendía y se contraía como una banda elástica para hacer ejercicio. Una mañana, al comienzo de nuestro noviazgo, llegué sin querer tres horas tarde a mi trabajo porque habíamos pasado todo ese tiempo en el asiento delantero de mi auto contando las motas en el iris del otro. Todo parecía desconocido y eufórico, un cóctel autogenerado de eustrés, y mirarnos a los ojos constituía la mitad de la actividad del día. Esos meses del nuevo romance pasaron en un abrir y cerrar de ojos, pero a través del lente borroso del recuerdo parecen haber durado un año de Júpiter[89]. *

Nuestro sentido del tiempo se determina en gran medida según cuánta novedad experimentemos. Sin memoria el tiempo no existe, y los límites que enmarcan los eventos medibles en el reloj son los puntos de control que necesitamos para marcar su paso. Por eso el tiempo pareció tan distorsionado durante el encierro por COVID-19. Una encuesta de 2020 realizada en el Reino Unido reveló que más del 80 % de los participantes sintieron que el tiempo de cuarentena estaba alterado[90]. No teníamos tantas experiencias dignas de ser recordadas: las cosas simples de la vida, como probar tu primera ostra en el nuevo bistró de la ciudad o encontrar un increíble abrigo de lana dentro de una pila de ropa de segunda mano, o incluso las novedades no tan bonitas, como las primeras citas incómodas y los moteles de carretera decadentes. La pandemia arrasó con nuestros cerebros, por lo que, aunque el tiempo se experimentó con una lentitud lamentable en aquel momento, cuando miramos hacia atrás nos preguntamos adónde se fue. Cuando te enamoras, ocurre lo contrario. Toda esa novedad entre Casey y yo nos hizo estar presentes por completo: alargábamos las horas cien veces lo que duran en el reloj. Esto también explica por qué la

---

* El planeta Júpiter necesita casi doce años terrestres completos para dar una vuelta alrededor del Sol.

infancia te parece tan larga: porque todo era nuevo. O al menos, nuevo para ti.

La ilusión de recencia.

No es de extrañar que este sesgo cognitivo nos atrapara durante una época en la que las personas se encontraban en un estado de preocupación aguda e inquieta, pero también privadas de los límites naturales necesarios para marcar el tiempo. No es casualidad que todos nos aferráramos con fervor a la historia alienígena de *60 Minutes*, incluso los aguafiestas como yo que en realidad no lo creíamos. Los FANI eran una amenaza, una oportunidad y una fantasía, todo al mismo tiempo.

Las noticias son importantes, pero no estamos hechos para ellas, para estos ladrones millonarios que roban nuestra atención. Si pensamos en los relojes y en lo extraño que es el espíritu humano, tengo que sospechar que, si los titulares y los *feeds* de redes sociales pueden acelerar el tiempo con tanta facilidad, tal vez podamos entrenar a la mente de manera consciente para ralentizarlo. ¿Y si pudiéramos recuperar un fragmento de control sobre nuestra percepción temporal, al menos lo suficiente como para recordar que cuando nos encontramos con una señal de humo digital solo estamos adivinando su importancia?

Hasta ahora, mi estrategia favorita tiene que ver con el asombro. A diferencia de la alegría, el asombro es el tipo de experiencia que nos vuelve menos arrogantes y que está asociada con la inmersión en la naturaleza, la música en vivo, la danza colectiva, los rituales espirituales y psicodélicos[91]. Es la emoción particular que surge «cuando nos encontramos con vastos misterios que no comprendemos», escribió Dacher Keltner, profesor de Psicología de la UC Berkeley y autor de *Awe: The New Science of Everyday Wonder and How It Can Transform Your Life* (*El asombro: la nueva ciencia del deslumbramiento cotidiano y cómo puede transformar tu vida*). Incluso en pequeñas dosis, el asombro lleva a las personas a sentirse menos impacientes, menos centradas en sí mismas, más generosas y predispuestas a gastar dinero en experiencias en lugar de posesiones.* En *El acto de crear: una forma de ser*, el productor musical Rick Rubin propone el asombro como una herramienta artística: «Como artistas, buscamos recuperar nuestra percepción infantil. La mayor parte de lo que vemos en el mundo tiene el potencial de inspirar asombro si se mira desde una perspectiva menos desencantada»[93].

El asombro no es muy diferente de la comprensión griega del éxtasis, que significa «estar al margen de la realidad», o a los estados de flujo (o *flow*) descritos por el psicólogo Mihaly Csikszentmihalyi. Una persona está «en flujo» cuando su atención está consumida sin esfuerzo por un desafío agradable y «el tiempo desaparece, te olvidas de ti mismo, te sientes parte de algo más grande»[94]. Csikszentmihalyi argumentó que poner más de la vida cotidiana en ese «canal de flujo» es clave para el bienestar. La habilidad de dilatar y contraer el tiempo también es un beneficio de la atención plena (*mindfulness*). Un artículo de 2014 publicado en *Frontiers in Psychology* (*Fronteras en la psicología*) determinó que cuando los meditadores expertos en *mindfulness* se enfocan en momentos sensoriales experimentan «una desaceleración del tiempo y una expansión del presente experimentado»[95]. Estos resultados no requieren años de entrenamiento; en 2023, un estudio publicado en *JAMA Psychiatry* informó que las personas que recibieron lecciones de *mindfulness* durante solo ocho semanas experimentaron una disminución del estrés comparable a los efectos del psicofármaco Lexapro[96].

---

* Con tan solo mirarla, la naturaleza nos motiva a ser menos materialistas[92]. En un estudio publicado por *Psychological Science* se demostró que era más probable que los participantes que acababan de maravillarse ante un hermoso paisaje al aire libre informaran que preferían gastar cincuenta dólares en un espectáculo de Broadway que en un bonito reloj de pulsera, comparados con el grupo de control.

Durante todo el verano de 2021, esa maldita temporada de alienígenas, me despertaba casi todas las mañanas con una ansiedad nauseabunda, mi corazón palpitaba como un colibrí atrapado. No había una sola razón «especial» para mi problema, sino más bien un conjunto de razones no especiales: la pandemia, el clima político, un brote de angustia profesional, el lento proceso de muerte de una mascota querida. El tipo de cosas que le pasa a la gente. Después de despertarme sobresaltada con sudores fríos durante demasiados meses consecutivos, se me hacía difícil imaginar cómo podría terminar con ese sentimiento. Fue así hasta que me embarqué en una excursión en solitario por las montañas Blue Ridge del oeste de Carolina del Norte. Sentí un enorme alivio cuando me di cuenta de que para recalibrar mi estado emocional (al menos durante unas semanas) solo necesité pasar cuatro días entre esas cumbres de cobalto de mil millones de años de antigüedad. Un estudio de 2017 publicado en la *Journal of Environmental Psychology* (*Revista de psicología ambiental*) informó que, en comparación con pasear por la ciudad, caminar en la naturaleza elevaba el estado de ánimo, reducía el estrés y relajaba la percepción del tiempo de los participantes[97]. Puedo corroborar eso: durante mis paseos por el bosque, me sentía «en flujo». Media semana en los Apalaches me convirtió en una ramita de sargazo flotando a la deriva a la velocidad justa, una velocidad determinada por una fuerza más grande que el ciclo de noticias y, desde luego, más grande que yo. Como escribió Nicholas Kristof del *New York Times* en 2012, «Tal vez la naturaleza salvaje sea un antídoto para nuestro ensimismamiento posindustrial»[98].

Mirar hacia arriba contemplando un roble caducifolio no es la solución encantada para los problemas de todos, eso está claro. Pero, en lo que respecta a la ilusión de recencia, conectarse con el mundo físico para el que fuimos creados abre un pequeño agujero de gusano en nuestra mente, que nos permite reconfigurar el tiempo lo suficiente como para recordar que un titular en tu *feed* no es un depredador en los arbustos o un círculo de cultivo en tu patio trasero. Con ese pequeño destello de conciencia, podemos determinar con mayor claridad si una noticia nueva merece más nuestro tiempo y recursos cognitivos que la que nos preocupaba ayer. Estoy convencida de que tenemos más poder para elegir lo que merece nuestra atención de lo que pensamos. La tecnología aérea hiperavanzada es impresionante, y también lo son los algoritmos de noticias, pero es el poder de la mente lo que me genera el asombro mayor.

Quizás todo este tiempo éramos nosotros los alienígenas futuristas.

7

EL ESTAFADOR INTERIOR

**Una nota sobre el sesgo de exceso de confianza
(en uno mismo)**

Mujer, un poco de humildad.

Kendrick Lamar

Era justo una de esas historias jugosas sobre un delito no tan grave de la vida real que me encantan. El 6 de enero de 1995, bajo un resplandeciente sol de mediodía, un hombre blanco de cuarenta y cuatro años llamado McArthur Wheeler entró en un par de bancos de Pittsburgh y atracó a los cajeros a punta de pistola[99]. Era imposible no ver a Wheeler. Sin pasamontañas, sin vergüenza: en las capturas de pantalla de las cámaras de seguridad el tipo parece muy cómodo con una sudadera azul marino con cremallera y unas gafas de sol Oakley de imitación, que descansan tranquilamente sobre su pelo entrecano peinado para disimular la incipiente calvicie. Un canal de noticias local obtuvo las imágenes y las difundió, tras lo cual Wheeler estuvo bajo custodia policial muy rápido... y en total desconcierto. «Pero yo llevaba el zumo», protestó. Se refería a zumo de limón. Su compañero cómplice en el delito había oído que podía utilizarse como tinta invisible, y ambos pensaron que, si Wheeler se lo untaba por toda la cara, sus rasgos quedarían ocultos para las cámaras. No estaba drogado; su salud mental era estable. Solo tenía, al parecer, demasiada confianza en sí mismo.

Cuando empecé a examinar la literatura sobre el exceso de confianza, me topé enseguida con el caso de Wheeler. Las historias de delitos que eran su propia sátira, como este caso, me resultan irresistibles. Aunque a la hora de elegir géneros, mi gusto por las historias de crímenes reales se inclina por la subcategoría llamada «estafa real». Más que historias de gente corriente asesinada, prefiero oír hablar sobre cómo le arruinan las finanzas a gente adinerada: robo de arte, fraude del vino, esquemas tanto Ponzi como piramidales. No sé por qué el asesinato nunca me ha gustado. Tengo la teoría de que las mujeres blancas tienden a husmear a los asesinos en serie del mismo modo que los hombres blancos se obsesionan con la Segunda Guerra Mundial. Al igual que los fanáticos de la película *Salvando al soldado Ryan* pueden imaginar que son reclutados, las «adictas» a los asesinatos doblan su ropa interior recién lavada al ritmo de una banda sonora de pódcast con truculentas historias sobre quién es el asesino, mientras se imaginan a sí mismas encadenadas en el sótano de un caníbal sueco o desmembradas en un lago, junto a los miembros cercenados de la bella protagonista de la historia. Contemplar a estos sujetos parece un retorcido ejercicio de empatía para poblaciones que no suelen tener que enfrentar la violencia material cotidiana que pueda estropear su diversión. También es otra ilustración de control. Como un macabro ensayo, cuantos más documentales de asesinatos y guerras consumimos, más seguros creemos estar de nuestra capacidad hipotética para sobrevivir a tales horrores si tuviéramos que hacerlo.

Pero debería ocuparme de mis propios asuntos. Que los estafadores de alto nivel siempre me han gustado merece su propia autocrítica. Tendría que preguntarme si siento fascinación por estafadores como Elizabeth Holmes, la multimillonaria directora ejecutiva de tecnología de la salud convertida en estafadora convicta, o Simon Leviev, el estafador Ponzi de la aplicación de citas conocido como «el estafador de Tinder», porque me aterra la posibilidad de *admirarlos*. Al fin y al cabo, un exceso de confianza como el suyo es un rasgo que los Estados Unidos celebra. «Finge hasta que lo consigas» se considera un sabio proverbio en esta cultura. De niña hice mucho teatro comunitario y siempre oía esta frase de los directores de teatro locales: «Si un agente de *casting* te pregunta si sabes usar un monopatín, bailar tap o montar un canguro, aunque no sepas, di que sí». Muy pronto aprendí que prometer demasiado acerca de tus capacidades y cruzar los dedos para que todo saliera bien era un talento digno de elogio. Sin embargo, es para preocuparse que Elizabeth Holmes haya aprendido su exceso de confianza no del delincuente Charles Ponzi, sino del célebre genio Steve Jobs. Cuando el presidente de Apple presentó su primer modelo de iPhone, no funcionaba como lo habían descrito, y no había garantías de que alguna vez lo hiciera. ¿Cómo es que la confianza pasa de ser una aspiración a una vulgaridad hasta llegar a convertirse en un posible delito?

En un momento dado, podría haber deducido que la pericia era la explicación subyacente, pero me habría equivocado. Un año después de los robos frustrados de McArthur Wheeler se inmortalizó su incompetencia en el *Almanaque Mundial* de 1996. Allí fue donde el psicólogo de la Universidad de Cornell David Dunning lo vio y se inspiró para examinar la relación empírica entre ignorancia y confianza. En un estudio que ahora se cita mucho, el profesor y un estudiante de posgrado concibieron *el efecto Dunning-Kruger*[100], un patrón según el cual las personas que poseen los conocimientos más limitados sobre un tema demuestran de manera sistemática que son las más propensas a sobrevalorar su pericia. Desde su publicación, cada vez que un grupo de inexpertos reivindica en público su competencia en temas que van desde la crianza de los hijos hasta la política, los comentaristas recurren al efecto Dunning-Kruger para explicar su estupidez. Es una forma muy satisfactoria de rechazar a tus adversarios: cuanto más listos se *creen*, más tontos deben de ser. Y si eres tan sabio que puedes referirte al efecto Dunning-Kruger, es obvio que no puede aplicarse a ti.

Pero resulta que este efecto no decía con exactitud lo que muchos pensábamos. Tras un examen más detallado, se comprobó que el famoso experimento no tuvo en cuenta suficientes factores sociales y psicológicos (estado de ánimo, edad, etc.) que demostraran de manera definitiva que saber muy poco es lo que hace que una persona crea saber mucho. La mayoría de las personas, incluso los expertos, sobrestiman de manera sistemática sus conocimientos. «Solo que los expertos lo hacen en un rango más estrecho», aclaró Dunning en una entrevista que le realizaron para la Universidad McGill veinte años después de su artículo original[101]. «La enseñanza detrás del efecto siempre fue que debemos ser humildes y cautos con nosotros mismos». No debería ser otra excusa para la altanería.

En realidad, se puede responsabilizar a una intuición poderosa y volátil de la existencia de delicuentes ridículos como Wheeler, odiosos como el estafador de Tinder y más sofisticados como Holmes. Es la misma cualidad que lleva a idolatrar a los «disruptores» de negocios como Steve Jobs, pero que, si aparece en cantidades inadecuadas, también los prepara para una rápida caída en desgracia. Los presidentes de Silicon Valley y los delincuentes (son los mismos) no son las únicas figuras que se rinden a esta perversión cognitiva. También aparece en los comportamientos y juicios más sutiles y cotidianos que la mayoría de la gente hace a diario. La inclinación se manifiesta de tres formas principales: las personas sobrevaloran sus habilidades reales, expresan una certeza excesiva en sus evaluaciones y se dan demasiado reconocimiento por los resultados positivos. De forma austera, esta trifecta se denomina *sesgo de exceso de confianza.*

Ante la idea de exceso de confianza en uno mismo, es difícil no pensar que *se trata de un sesgo del que disfrutan otras personas, no yo,* sobre todo para los que nos sentimos atormentados por la autocrítica. Investigar sobre el exceso de confianza me ha servido como un ejercicio de autorreflexión; cuando todo lo que quiero hacer es señalar con el dedo a algunos ególatras con los que me he topado en mi vida (Dios, no os imagináis las ganas que tengo de dar nombres), me encuentro con otro estudio que me obliga a mirar hacia dentro. Desde que se acuñó en la década de los sesenta, el sesgo de exceso de confianza se ha documentado en todo nuestro planeta a través de un montón de experimentos [102]. Los investigadores han deducido que, a menos que un individuo esté sufriendo alguna interferencia psicológica importante, como el trastorno de estrés postraumático o la depresión clínica, * casi todas las personas vivas sobrestiman de

---

* Con ironía cósmica, la investigación sobre complejos de superioridad ha descubierto que las personas con depresión evalúan sus talentos de forma más objetiva que los demás, un síntoma denominado «realismo depresivo» [103]. Un artículo publicado en 2013 en la revista *Proceedings of the National Academy of Sciences* (*Actas de la Academia Nacional de Ciencias*) observó que las personas con una conectividad débil entre el lóbulo frontal del cerebro (responsable de nuestro sentido del yo) y el cuerpo estriado (parte del sistema de recompensa) en general piensan mejor sobre sí mismas que aquellas con conexiones más fuertes entre las dos áreas. Los neurotransmisores dopaminérgicos situados en el cuerpo estriado inhiben la conectividad con el lóbulo frontal, como las rocas en una presa, de modo que cuanta más dopamina se tenga, menor será la conectividad entre las dos regiones y más dichosa será la percepción que se tenga de uno mismo. A la inversa, menos dopamina = más depresión = autoevaluación más realista. Pero lo primero es lo que se describe como «normal». Si adoramos nuestros propios altares sin cuestionarlos se considera que tenemos un estado «mental sano».

forma natural su brújula moral, sus habilidades cotidianas y sus conocimientos comunes con una consistencia que todavía me cuesta aceptar. Más de la mitad de las personas encuestadas se consideran por encima de la media en habilidades como conducir un auto,* cocinar o en el sexo, aunque solo el 50 % pueda en efecto estar dentro de ese porcentaje. En pruebas de cultura general (preguntas como «¿Qué país tiene la mayor esperanza de vida?» o «¿Quién era el dios griego del sol?»), la mayoría de los participantes predicen que acertarán la respuesta entre un 10 % y un 25 % más de lo que en realidad sucede. «El exceso de confianza es la base de los "Pinterest Fails" (intentos fallidos de Pinterest)», comenta Rachel Torres, psicóloga escolar licenciada y doctoranda en la Universidad de Chapman, refiriéndose a quienes imitan los tutoriales de manualidades en línea y obtienen resultados disparatados. «Ves a alguien que hornea unos *cupcakes* con forma de gato y piensas, "oh, yo puedo hacer eso. Va a quedar precioso". Y luego te sale espantoso». De hecho, puedo afirmar sin temor a equivocarme que nunca he preparado un producto horneado que no pareciera bilis y, sin embargo, no estoy en absoluto preparada para considerarme una pastelera más mediocre que la media. Los datos son claros como el agua y, aun así, mi exceso de confianza persiste. ¿Qué significa esta horrible maldición del ego?

Por muy impropia que sea la altanería, ha tenido sus méritos a lo largo de la historia. Un estudio de la revista *Nature* de 2011 propuso que la selección natural puede haber favorecido un ego hinchado, ya que inflaba la determinación y la perseverancia, facilitaba el engaño ante los oponentes durante conflictos y fomentaba una profecía autocumplida debido a que la

---

* Un famoso estudio realizado en 1981 por el científico sueco Ola Svenson, investigador del proceso de toma de decisiones, descubrió que el 93 % de los encuestados se consideraba mejor al volante que la mayoría[104].

seguridad en uno mismo por sí sola favorecía mejores posibilidades de supervivencia[105]. A partir de una serie de juegos de guerra experimentales, investigadores de ciencias políticas de Gran Bretaña, Alemania y Suiza pusieron a prueba los beneficios del exceso de confianza para la supervivencia. Se pidió a los participantes que evaluaran la debilidad de los países vecinos, representados como casillas en una cuadrícula, y que luego decidieran si atacaban o no. El estudio concluyó que, aunque los participantes con exceso de confianza eran más propensos que los demás a atacar a sus oponentes sin ser provocados y, en general, libraban más batallas, cuando llegaba el final de la guerra el vencedor siempre era alguien que se había comportado con exceso de confianza. Los investigadores analizaron que, aunque se esperaba que aquellos con exceso de confianza perdieran más guerras, también entraban en más batallas: «De hecho, compraban más "billetes de lotería" en la competición por la supervivencia». Sin duda, algunos Estados muy confiados llegaron demasiado lejos y fueron derrotados, pero otros, por casualidad, disfrutaron de victorias consecutivas, y así iban obteniendo una respuesta afirmativa que les confirmaba que en realidad eran tan grandes como pensaban y debían continuar con sus conquistas. Entonces se expandieron con rapidez, haciéndose más poderosos gracias a los recursos que iban obteniendo de manera progresiva. Cuando se sigue ganando, ¿qué incentivo hay para detenerse a reevaluar? Como escribió el periodista Roger Lowenstein en su libro *When Genius Failed* (*Cuando falló el genio*): «No hay nada como el éxito para cegarse ante la posibilidad del fracaso»[106].

En la sociedad civilizada, el exceso de confianza sigue teniendo sus ventajas: atrae a amigos y seguidores, levanta la moral. Este sesgo puede ser una ventaja para el ascenso a nivel laboral. Tanto en entornos profesionales como semiprofesionales —desde Wall Street hasta la asociación de padres y profesores— las figuras más adoradas y respetadas no siempre son, por desgracia, las más competentes, sino las más seguras de sí mismas. «Que la gente sea buena o no es irrelevante», afirma Cameron Anderson, psicólogo de la Universidad de Berkeley que estudia el exceso de confianza, la política y el liderazgo empresarial [107]. En particular, no basta con *fingir* confianza. Anderson señaló que la auténtica seguridad en uno mismo puede medirse a través de ciertas señales verbales y físicas, como hablar pronto y a menudo en un tono bajo y relajado. Los espectadores son sensibles a estos indicadores y no aprecian las mentiras, pero solo cuando el propio mentiroso no se las cree. Un estudio publicado en 2014 en *Scientific Reports* concluyó que el exceso de confianza se fomenta por el propio acto de «fanfarronear engañándose a uno mismo», un tipo de estafa profunda en la que uno no solo actúa como si fuera mejor de lo que es, sino que se lo cree de verdad [108]. Así llegamos a este bucle de retroalimentación de exceso de promesas y exceso de confianza, y es asombroso lo eficaces que son estas autoevaluaciones deformadas, siempre y cuando no se extiendan hasta «el zumo de limón me hará invisible».

De hecho, pueden hacerte famoso. Nunca estuve en la guerra, pero aquí en Los Ángeles, cada vez que salgo de casa, el exceso de confianza se percibe como la contaminación atmosférica. Los aspirantes a artistas tratan a la ciudad como a un campo de batalla. Es alarmante lo parecidos que son los vocabularios de la guerra y la fama: frases como «ir al frente», «arrasar», «ir a la carga», «lanzarse», y «quemar todos los cartuchos».* En 2022, una encuesta de Bloomberg reveló que el 98 % de los estudiantes de

---

* En original dice: «*shooting your shot*», «*crushing it*» y «*killing it*». «Shooting your shot» significa tomar una acción audaz («*shot*»: tiro) en busca de fama; «crushing it» sería similar a «aplastándolos», «destrozándola» o «rompiéndola» en el sentido de tener éxito; al igual que «killing it» como «arrasando, triunfando» *(N. de la T.)*.

secundaria estadounidenses expresaron su deseo de ser famosos en Internet[109]. * NOVENTA Y OCHO POR CIENTO. La fusión entre Hollywood y las redes sociales fomenta de manera explícita una cultura del engaño autoinfligido, como si los usuarios tuvieran el derecho a ocupar un lugar influyente con rédito comercial solo porque existe para reclamarlo. Gracias a TikTok, hacerse famoso de la noche a la mañana por el mero hecho de existir delante de una cámara se ha convertido en una posibilidad embriagadora sin precedentes. Llamadme cascarrabias, pero mientras los caminos hacia el éxito sigan pareciéndose a una lotería (manipulada), me preocupa que se esfume el atractivo de dominar un oficio fuera de la virtualidad para después compartirlo con cuidado y tranquilidad, y que en su lugar se elija «ir a la carga» y «quemar el último cartucho», intercambiando exageraciones de pandilleros por un boleto tras otro en el juego de lotería viral.

Los riesgos del exceso de confianza se extienden más allá de la exagerada oferta de rutinas de comedia y del cuidado de la piel. Por desgracia, la mente moderna tiende a mostrar un mayor exceso de confianza en especial en los escenarios en los que es más difícil emitir juicios precisos. Entre ellos se incluyen la tecnología nueva e impredecible (IA, viajes interplanetarios), los desastres naturales (huracanes, cambio climático) y las figuras políticas polarizantes (se me ocurren una o dos). En nuestra era maximalista, una época de multimillonarios que compiten en la carrera del avance tecnológico, ese hecho parece más premonitorio que nunca. Un artículo de 2018 publicado en el *Journal of Financial and Quantitative Analysis* (*Revista de análisis financiero y cuantitativo*) de la Universidad de Cambridge demostró que los

---

* Tres años antes, una encuesta de Harris Poll y Lego determinó que el triple de niños británicos, chinos y estadounidenses querían ser youtubers antes que astronautas[110].

CEO con exceso de confianza eran propensos a hacer promesas demasiado optimistas y a restar importancia a los acontecimientos negativos, lo que generaba cuantiosas demandas legales[111]. Este exceso es el culpable de calamidades contemporáneas, como las caídas en picado de las bolsas de valores, los diagnósticos médicos erróneos y los fallos tecnológicos, como el accidente del transbordador espacial Challenger en 1986: antes del despegue, la NASA había estimado que el riesgo de muerte era de solo uno entre 100.000.

El sesgo de exceso de confianza también aparece de manera constante en la delincuencia. Se aplica no solo a las acciones de delincuentes como McArthur Wheeler (y sus compañeros más inteligentes), sino también a los veredictos de los jurados. A finales de la década de 1980, una revisión exhaustiva de las condenas erróneas en los Estados Unidos encontró trescientos cincuenta casos en los que acusados inocentes fueron declarados culpables de delitos capitales «más allá de toda duda razonable». En cinco de esos casos, el error se descubrió antes de la sentencia. Los otros trescientos cuarenta y cinco no tuvieron tanta suerte: sesenta y siete fueron condenados a penas de prisión de hasta veinticinco años, ciento treinta y nueve a cadena perpetua y otros ciento treinta y nueve a la muerte. En el momento de la revisión, ya habían ejecutado a veintitrés de los acusados. Como resume el psicólogo de la Universidad de Wesleyan Scott Plous en su libro *The Psychology of Judgment and Decision Making* (*La psicología del juicio y la toma de decisiones*), de todos nuestros sesgos cognitivos, quizá ninguno sea «más prevalente y más potencialmente catastrófico» que el exceso de confianza.

El invierno pasado, mientras devoraba un documental sobre Bernie Madoff, me asaltó la idea de que quizá las historias de estafadores me cautivan tanto por el miedo latente a ser yo misma una estafadora. Cada paso adelante que doy en mi carrera es una prueba de que dirijo un gran esquema Ponzi. Cualquier día de estos, el FBI se presentará en mi puerta porque mis hijos imaginarios me habrán delatado con una pila de documentos falsificados. Quizá el exceso de confianza me fascine tanto porque al mismo tiempo lo ansío y me aterra tener ya demasiado. La cultura estadounidense transmite mensajes contradictorios sobre la confianza en uno mismo. Alardea de tus logros, pero no seas narcisista. Sé auténtico, pero también perfecto. Dile al director de *casting* que sabes bailar tap, aunque no sepas y otra persona sea mejor para el puesto. Ojalá supiera cuánta confianza es la cantidad «correcta» que hay que tener. ¿Cuánta confianza te ayudará a triunfar en lo profesional y a sentir satisfacción interior, pero sin llegar a tal delirio que corras el riesgo de causar daños o de fastidiar a todo el mundo hasta el cansancio?

Rachel Torres, psicóloga de la Universidad Chapman, estudia el síndrome del impostor, que a veces se presenta como lo contrario del efecto Dunning-Kruger. Torres y yo somos amigas desde la universidad; nos conocimos en un taller de escritura creativa, y siempre admiré su compromiso académico: incluso cuando era una estudiante universitaria engreída, se aseguraba de que sus opiniones estuvieran respaldadas con elegancia antes de abrir la boca. Es lógico que se dedicara a estudiar este «síndrome», que ella define como la autopercepción persistente de que una persona es falsa o incompetente, aunque haya pruebas de lo contrario. «Experimento mucho el síndrome del impostor en mi trabajo, a pesar de tener años de formación y todas las credenciales. Me presento a las reuniones sintiéndome un fraude», confiesa Torres, que no solo tiene varios másteres, sino que he visto cómo ganaba todos los premios y becas a los que aspiraba. Según ella, el síndrome del impostor se manifiesta de forma parecida a un trastorno de ansiedad específico del lugar de trabajo. Los síntomas incluyen ciclos de pensamientos negativos, desconfianza en uno mismo y minimización de los logros. (A mí me suena a un día típico en la oficina). «¿Conoces personalmente a alguien que no sufra el síndrome del impostor?», le pregunté. Se tomó su tiempo para contestar, suspiró y luego respondió: «No».

Torres comparte mi obsesión por el género de las historias sobre estafas reales. Hablamos largo y tendido sobre el caso de Elizabeth Holmes cuando se supo que su multimillonaria empresa de tecnología sanitaria Theranos era una farsa. Durante mucho tiempo me he preguntado si Holmes experimentó el síndrome del impostor como todo el mundo y si lo superó con creces, porque era una estadounidense *WASP** con el sueño de ser la próxima Steve Jobs, y ya conocemos el «finge hasta que lo consigas», ¿no? Utilizado por primera vez en la década de 1970, el síndrome del impostor nació en un momento de la historia de los EE. UU. en el que el movimiento por los derechos civiles, el feminismo de la segunda ola y la floreciente economía posterior a la Segunda Guerra Mundial introdujeron a trabajadores marginados en un mercado laboral construido para que triunfaran los hombres blancos. «Dejando a un lado los delitos, nuestra sociedad no está preparada para que Elizabeth Holmes repita la historia de Steve Jobs, del mismo modo que nuestra sociedad tampoco está preparada para que haya una mujer directora ejecutiva», afirma Torres. Los medios de comunicación masacraron a Holmes por su extraño comportamiento, su voz grave y su «espeluznante» forma de contacto visual. «¿Acaso nuestra respuesta habría sido diferente si fuera un hombre? Sí», continúa. «¿Habría llegado más lejos o elegido otro camino? Tal vez. ¿Habría sido

---

* «*WASP*» es un término informal que se refiere a personas que pertenecen o se asocian con la cultura y la clase social de la élite blanca anglosajona protestante (*White Anglo-Saxon Protestant*) (*N. de la T.*).

diferente toda su historia si fuera una persona *queer* de color? Probablemente».*

Torres especuló que casi todas las personas experimentan algún grado de síndrome del impostor, incluso figuras muy privilegiadas con carisma de sobra, y hasta ciertos tipos de narcisistas que parecen intocables en público pero que en privado están plagados de alienación y aversión de sí mismos[112]. Excepto a los sociópatas comprobados, esta afección no perdona a nadie, ni siquiera a los ciudadanos más preciados de la sociedad. Como tal, el síndrome del impostor puede que ni siquiera «exista» en realidad. La creciente investigación indica que no es un fenómeno natural. «Muchos atribuyen el síndrome del impostor a causas sociales y sistémicas», explica Torres. Es una enfermedad del sistema, y muy reciente: solo en los años ochenta, con el auge del espíritu empresarial y la aparición del asesoramiento profesional, el éxito profesional y el «propósito de vida» se hicieron indivisibles. Si combinamos esta confusión con el mito de la meritocracia, profundamente arraigado, la mayoría de la población pensará que si no prosperamos a nivel profesional no valemos nada, y si prosperamos, somos un fraude.

«La semana laboral de cuarenta horas se creó para permitir que los hombres blancos triunfaran en el trabajo mientras sus esposas se ocupaban de los niños de la familia y de las responsabilidades del hogar», señaló Shahamat Uddin, periodista que cubre la intersección de la identidad desi y la homosexualidad, en un artículo de opinión sobre el racismo en el lugar de trabajo. «Llego a cada entrevista, turno de trabajo o reunión veinte minutos antes porque sé que tengo que luchar contra la

---

* Por no mencionar que Holmes no fue a la cárcel por hacer promesas excesivas a gente corriente, sino más bien por hacer promesas excesivas a inversores ricos, muchos de los cuales —incluido el magnate de los medios de comunicación de derechas Rupert Murdoch y la familia Walton de Walmart— tienen, en mi opinión (y sin doble sentido), más sangre en sus manos.

expectativa de la impuntualidad de la gente marrón… Sé que tengo que trabajar el doble para demostrar que pertenezco a ese lugar». El mercado laboral estadounidense, «deteriorado» de manera deliberada, no está hecho para que las mujeres y las personas de color existan, y mucho menos para que se sientan aceptadas [113].

Torres y yo coincidimos en que hay algo extraño en figuras como el estafador de Tinder y Bernie Madoff, cuyas acciones no muestran ningún signo del síndrome del impostor. «Quiero decir», se lamenta Torres, «¿en qué momento llegaron a creer que les salían rayos de sol por el culo?».

El exceso de confianza no es solo un estilo de comportamiento, sino también una postura mental. Por un lado, este sesgo motiva a los comandantes a ir a la guerra y a los suertudos a atribuirse méritos excesivos por su éxito; pero, en un contexto más tranquilo, también es lo que le permite a la gente holgazanear en el sofá, pasear por páginas de Internet o ver *reality shows* y chasquear los dientes juzgando los errores tontos de los demás. Si me preguntaran si creo que estoy por encima o por debajo de la media en términos de decencia humana común, mi instinto sería, por supuesto, decir lo primero. Este tipo de sobrevaloración de uno mismo es innato. Cuando hacemos algo que produce un mal resultado, nuestra reacción automática suele ser de sorpresa. Cuando se nos acusa de haber obrado mal moralmente nos ponemos a la defensiva, en gran parte porque nos sorprende creer que *nosotros*, con nuestro tierno corazón y nuestras buenas intenciones, hayamos podido meter la pata.

En realidad, las mujeres pueden llegar a castigar con más severidad moral que los hombres. Un estudio de 2018 publicado en el *Personality and Social Psychology Bulletin* (*Boletín de personalidad y psicología social*) demostró que, durante gran parte de la historia, se veía a las mujeres como menos morales, debido a una mayor «emocionalidad percibida» [114]. Se rumoreaba que tener sentimientos impedía el razonamiento moral. Sin embargo, según el estudio, aunque hay pruebas significativas que sugieren que, de hecho, las mujeres *no* son más emocionales que los hombres en general, sí tienden a mostrar mayores «emociones morales sobre sí mismas y preocupación empática». Estas cualidades hicieron que las participantes en el estudio manifestaran menos intenciones de cometer «acciones de moral cuestionable» que podrían reportarles beneficios personales o profesionales pero que también podrían causar perjuicios en el camino, como saltarse las normas y mentir durante las negociaciones. La mayoría de las encuestadas también consideraron estos actos «menos permisibles» y merecedores de una «condena moral más severa» que los participantes masculinos.

La preocupación empática es buena, en realidad lo es todo, pero no puedo decir que me encante la parte del reproche moral. Parece alinearse con la dimensión autocomplaciente del sesgo de exceso de confianza: la tendencia a atribuirnos resultados positivos a nosotros mismos mientras culpamos a los demás de los resultados negativos. Me di cuenta de que el sesgo autocomplaciente se extendía como un hongo a lo largo de los muchos reconocimientos sociales de finales de la década de 2010 y principios de la de 2020, incluidas las protestas por el antirracismo y el derecho al aborto, en especial entre las mujeres que ocupaban asientos privilegiados, que expresaban su preocupación por el dolor ajeno, pero no querían ser ellas mismas las responsables.

Le pregunté a Koa Beck, periodista y autora de *White Feminism: From the Suffragettes to Influencers and Who They Leave Behind* (*Feminismo blanco. De las sufragistas a las influencers y a quién dejan atrás*), si las actitudes egoístas influyen en los movimientos modernos de justicia social. Me respondió: «He notado, sobre todo en Twitter e Instagram, que hay un crisol muy candente de mujeres blancas que critican a otras mujeres blancas, y eso parece tener algún tipo de valor en estas esferas sociales. Ahora hay incentivos cuando se critica el analfabetismo racial, la transfobia o el clasismo de alguien. Las plataformas en línea han marcado y cuantificado formas de construir tu propia plataforma a base de señalar con el dedo».

De manera casi semiconsciente, dice Beck, algunos usuarios de las redes sociales no solo destacan los errores de los demás, sino que los capitalizan, en especial aquellos que les recuerdan que ellos mismos casi cometen los mismos errores, como forma de «ponerse al frente» de la historia. Pongamos por caso que un usuario blanco sin ninguna discapacidad escribe una crítica mordaz en un comentario de las redes sociales de un desconocido por su uso insensible de la palabra «loco» y recibe doscientos «me gusta». Puede que a algunos les parezca activismo, pero también entran en juego sesgos egoístas. El error del infractor le recuerda al demandante lo virtuoso que es por haber evitado el mismo error, aunque sea por poco. El reproche se vuelve demasiado tentador como para resistirse, sobre todo cuando nos espera el baño de dopamina de todos esos «me gusta» que nos aprueban. Una de mis citas favoritas del libro *Mistakes Were Made (But Not by Me)* (*Hubo errores (pero yo no fui)*), de los psicólogos Carol Tavris y Elliot Aronson, dice: «Son las personas que *por poco* viven en casas de cristal las que tiran la primera piedra»[115].

¿Sabes qué es irónico? La experiencia de *otras personas* es lo que nos permite pensar que sabemos más de lo que sabemos. El libro de 2017 *The Knowledge Illusion* (*La ilusión del conocimiento*), de Philip Fernbach y Steven Sloman, comienza con un estudio de Yale en el que se invitó a estudiantes de posgrado primero a evaluar cuánto entendían sobre aparatos corrientes, como inodoros y cremalleras[116]. A continuación se les pedía que escribieran desgloses minuciosos y detallados del funcionamiento de estos aparatos y que volvieran a evaluar su comprensión. La tarea pareció mostrar a los estudiantes sus propias deficiencias: las segundas autoevaluaciones cayeron en picado. Incluso las cremalleras son más sofisticadas de lo que creemos. Por supuesto que existe *alguien* que sí sabe cómo funcionan las cremalleras. Alguien inventó la cremallera para que todos pudiéramos utilizarla con tanta facilidad que la damos por sentada. Este tipo de especialización y colaboración es algo en lo que nuestra especie tiene una habilidad única. Nuestra cooperación es tan fluida que apenas podemos discernir dónde empieza la comprensión de otra persona y acaba la nuestra[117]. Según el libro de Fernbach y Sloman, dividimos nuestro trabajo cognitivo de forma tan natural que «no existe una frontera clara entre las ideas y conocimientos de una persona» y «los de otros miembros [del grupo]».

Ni siquiera podemos identificar dónde empieza el conocimiento de los motores de búsqueda y dónde acaba el nuestro. A través de una búsqueda en Internet se puede acceder a respuestas a cualquier pregunta en menos de un segundo. ¿A qué distancia está la Luna? ¿Qué es el exceso de confianza? Pero esta capacidad instantánea no significa que la sabiduría se convierta en nuestra de manera instantánea. Los estudios demuestran que no solo olvidamos con rapidez la información que aprendemos buscando en Internet, sino que también olvidamos que la hemos olvidado: confundimos los conocimientos de Internet con los nuestros. Algunos se refieren a este hipo mental como «el efecto Google». Las herramientas lingüísticas de inteligencia artificial (IA) como ChatGPT* hacen aún más porosas las

---

* Hablando de ego, a principios de 2023 un amigo me preguntó si alguna vez le había pedido a ChatGPT que escribiera algo «al estilo de Amanda Montell». No lo había hecho, pero una vez que estuvo plantada la semilla, me vi atrapada por mi curiosidad narcisista que se mira el ombligo. Le pedí al *chatbot* que escribiera un párrafo definiendo los sesgos cognitivos con mi voz. («Qué rara eres. Es sábado. Sal de Internet y vete a la calle», me dijo Casey en cuanto se enteró de lo que había hecho). Lectores, el ejercicio fue rarísimo. La frase final del bot decía: «Tu mente es un patio de recreo, mi amor, y los prejuicios son los matones descarados jugando en las barras del pasamanos». Me hizo gracia y me ofendió a la vez. ¿De verdad sueno así?

fronteras que separan nuestras reservas individuales de conocimiento.

De humano a humano, nuestras confusas fronteras cerebrales tienen al menos un lado positivo: se prestan a la innovación. Cada vez que alguien hace un descubrimiento significativo, desbloquea un nuevo nivel de nesciencia. Las lagunas en la comprensión nos hacen avanzar. Si hubiera tenido que saber con exactitud lo que quería decir en este libro antes de poner la pluma sobre el papel, nunca lo habría empezado ni terminado. Si se exigieran másteres en estudios de género para participar en la defensa de bases por los derechos de las mujeres, no tendríamos movimientos feministas. En 1977, Audre Lorde escribió sobre la interrelación entre activismo y creatividad: «A veces nos drogamos con sueños de nuevas ideas. La cabeza nos salvará. Solo el cerebro nos liberará» [118]. No hay nuevas ideas, escribió Lorde, solo nuevas formas de hacerlas sentir: «Debemos alentarnos de manera constante a nosotros mismos y a los demás a intentar las acciones heréticas que nuestros sueños requieren». A veces, los delirios de exceso de confianza nos dan el valor para seguir luchando por un mundo mejor.

No sé en qué momento de mi vida aprendí que la humildad era sinónimo de autodesprecio (¿otra vez el teatro comunitario?), pero es una idea equivocada que albergué durante muchos años. Hasta que lo leí en el diccionario de la Asociación Americana de Psicología no sabía que la humildad se define como «una baja concentración en uno mismo, un sentido exacto (ni exagerado ni infravalorado) de los propios logros y valía, y un reconocimiento de las propias limitaciones, imperfecciones, errores, lagunas de conocimiento, etc.» [119]. Las horas que perdí preocupándome de si los demás llevaban la cuenta de mis fracasos y criticaban mis errores ortográficos y de moda no era humildad, sino más bien egocentrismo. Los incentivos sociales para difundir los éxitos de tu carrera y los logros glamorosos

—no sin hacer previamente un recuento escueto de todos los «no» que recibiste antes de que te dieran un «sí»— convierten la humildad genuina en un truco más de las olimpiadas del ego. «Tanto si se trata de inseguridad extrema como de exceso de confianza, no es bueno centrarse demasiado en uno mismo», afirma Torres. «Impide lo que creo que muchos intentamos hacer en última instancia, que es tan solo estar presentes, conectar y presentarnos ante la vida para vivirla».

En una cultura que no solo tolera los engaños autoinfligidos, sino que los respalda de manera activa, ¿podremos rebautizar la confianza como algo que requiere la capacidad de reevaluar, o incluso de retirarse, en lugar de atacar? Nadie puede evitar meter la pata hasta el fondo, pero somos capaces de darnos cuenta de cuando algo ha dejado de ser razonable o viable. Podemos parar y cambiar de rumbo. Nadie quiere acabar en las noticias de la noche con zumo de limón en la cara.

Resulta alentador que un estudio de 2021 publicado en *Philosophical Transactions of the Royal Society (Transacciones filosóficas de la Real Sociedad)* descubriera que cuando la confianza está bien alineada con el rendimiento y la capacidad metacognitiva* es alta, los sujetos «tienden a tener menos confianza después de cometer errores y, por tanto, también están abiertos a la información correctiva»[120]. En mi propia vida he decidido empezar a recompensar a la gente más de lo que suelo hacerlo cuando admiten sus errores, o si no no volverán a hacerlo. No podemos percibir la duda como una debilidad, y no debemos exigir una certeza absoluta ni siquiera a los expertos, o sin duda alguna nos engañarán para satisfacer esa expectativa. Los WASP con jersey de cuello alto prometerán demasiado a los ansiosos inversores. Presionarán el botón de lanzamiento antes de que el cohete esté listo.

---

* Conciencia de los propios procesos de pensamiento.

En 2011, esos experimentos de juegos de guerra demostraron que los Estados con mejores resultados tenían en realidad un tibio nivel de exceso de confianza[121]. Los ganadores nunca tenían demasiada seguridad en sí mismos ni eran totalmente humildes, lo que sugiere que, en lo que respecta a la confianza, existe un «margen óptimo de ilusión». El estudio concluía: «Los individuos con un enfoque más matizado —incluso sesgado— obtienen mejores resultados que los extremos».

Pero creo que lo que en verdad quiero es dejar de tratar a la vida como una guerra. ¿No tendríamos menos síndrome del impostor y menos impostores reales si bajáramos un poco la vara? El dogma de la productividad moderna nos anima a actuar con rapidez y a exprimir nuestro excepcionalismo al máximo. Bajo ese tipo de presión, quizá la rebelión más verdadera sea aceptar nuestra ordinariez. En la vida cotidiana, si fuéramos capaces no solo de tolerar la incomodidad, sino de abrazar de todo corazón nuestra propia falta de pericia, entonces tendríamos muchas más posibilidades de ofrecer a los demás la misma gracia. Quizá entonces la vida nos resultaría, como mínimo, menos agitada. Y como máximo, hasta podríamos encontrar la paz.

¿Qué te parece esto? Propongo detenernos y actuar por debajo de la media en el 50 % de todo lo que hacemos. Lo disfrutaremos. Lo común, lo ordinario. La próxima vez que tengamos una pregunta, esperemos todo lo humanamente posible antes de buscar la respuesta en Google. Será erótico. Como el borde antes del clímax. Estoy aprendiendo que es bastante agradable hacerse preguntas de manera indefinida. No tener nunca respuestas certeras. Sentarse, ser humilde y ni siquiera atreverse a saber.

8

LOS HATERS SON MI MOTIVACIÓN

Una nota sobre el efecto de verdad ilusoria

Mi relación con la verdad cambió para siempre a causa de una mentira sobre los ramos de novias.

Estaba leyendo sobre la siniestra historia de las tradiciones matrimoniales para un episodio del pódcast sobre cultos que conducía desde hacía un año y pico. El «culto» a las bodas era el tema a analizar esa semana. Siempre había albergado un desprecio intuitivo por la liturgia conformista y el consumismo de la industria nupcial: la idea de que para la «diversión» se necesiten diamantes de sangre, vestidos en composé para las damas de honor, exigencias de obediencia a ultranza y una deuda de veinte mil dólares. Sabía que no era la única que tenía esa sensación, solo necesitaba pruebas escabrosas. Buscando en diversas fuentes, desde la revista *Novias* hasta Reddit, encontré una y otra vez la misma historia sobre los orígenes del ramo de novia. La afirmación más repetida era que, dado que los campesinos medievales se bañaban con tan poca frecuencia, solo una vez al año, las novias empezaron a llevar al altar ramos de hierbas aromáticas para enmascarar los fuertes hedores. La actual popularidad de las bodas de junio, según estos artículos, deriva de la antigua tradición de disfrutar del baño anual a finales de la primavera.

Atesoro los datos curiosos. Toparme con un lingote de oro ideal para la charla de sobremesa me da años de vida; así que, aunque estos informes sobre novias feudales sucias desprendían su propio olor, el de una leyenda urbana «demasiado buena para ser verdad», se repetían con tanta frecuencia y ofrecían un valor de entretenimiento tan jugoso que pensé, ¿qué razón tengo para no transmitirlos? Realicé un cálculo subconsciente, sopesando la probabilidad de veracidad de estas historias y el impacto que tendrían en cualquier caso, y al final decidí que sí, que las repetiría en el programa. En mi recuento, utilicé palabras como «supongo» y «lo he leído», pero no importaba. El día que se emitió el episodio del pódcast, un oyente tuiteó con rapidez: «jajajaja acabo de enterarme en un pódcast de que las novias llevan ramos porque en la Europa medieval solo se bañaban una vez al año!!!!». Compartieron el programa miles de veces. La noticia se propagó como una enfermedad contagiosa.

La respuesta en Twitter de la Dra. Eleanor Janega, historiadora medieval de la Escuela de Economía de Londres, fue menos viral. Janega escuchó el episodio y comentó que, básicamente, todas las tradiciones populares de la Edad Media son un mito, incluida, por desgracia, esta[122]. Al igual que hoy, los ramos de novia de la Edad Media se componían de flores dispuestas según su simbolismo cromático, no según su perfume. Hace mil años, puede que los campesinos no disfrutaran de cañerías interiores ni de duchas obsesivas dos veces al día, pero se aseaban mucho, a menudo en baños comunales.

En la Europa medieval, el momento del aseo era todo un evento, al punto de que algunos miembros de la realeza agasajaban a sus invitados con un baño, deseosos de presumir de sus lujosas instalaciones y sus elixires de hierbas. Se sabe que Carlomagno invitaba a otros nobles a enjuagarse con él. Se dice que incluso recibía a multitudes de espectadores para contemplar a decenas de hombres adinerados bañándose juntos literalmente en el regazo del lujo. No sé a vosotros, pero a mí esta historia me parece cien veces más divertida que la de los campesinos que se duchan poco. Además, tiene la ventaja de ser cierta.

No me sorprendió que la Dra. Janega me dijera que las historias sobre el origen de las bodas que había leído y difundido eran puro cuento popular. Sin embargo, me horrorizó un poco mi propio afán por compartirlas, a pesar de que una parte importante de mi cerebro dudaba de su veracidad. Me puse en contacto con Janega, con la esperanza de que me aclarara por qué había tanta mitología en torno a la Edad Media. Me avergonzaba tener que preguntar qué años se cuestionaban con exactitud (¿no lo había aprendido en el instituto?). El periodo de mil años que se considera medieval abarca más o menos desde la caída de Roma en el año 476 d. C. hasta el nacimiento de Martín Lutero en 1483. «Inventamos tanto sobre la Edad Media en parte porque es el punto intermedio entre la antigüedad y la modernidad», explica Janega. Al estar a una distancia cercana en la historia como para que nos resulte familiar, pero bastante lejos como para mantener el misterio, la Europa medieval ofrece el telón de fondo perfecto para la romantización y para la pesadilla, las princesas de cuento* y las

---

* La modernidad nos ha vuelto tan exagerados a la hora del pensamiento mágico que algunos han empezado a ponerle una pátina de glamour a la «pintoresca» vida de los indigentes de la Edad Media. Un titular muy difundido en 2019 sugería: «El trabajador medio estadounidense se toma menos vacaciones que un campesino medieval»[124]. Pero en lo que respecta a los feriados de los trabajadores provincianos, Janega aclaró las cosas: «Puede que tuvieran un par de días libres más al mes por fiestas religiosas, pero si eres campesino, y casi todo el mundo lo era, hay que ordeñar la vaca, cortar leña y avivar el fuego, y si es temporada de cosecha, no importa si tienes el día libre. Cuando uno piensa en la Edad Media, algunos se imaginan una fantasía con cabañas, pero todo está muy bien hasta que tienes que arar un campo sin tractor».

cámaras de tortura*. ¿Por qué, entonces, incluso con toda la accesibilidad y el poder colectivo de Internet, prevalecen tales falsedades? ¿Y por qué yo, que ostento un orgulloso odio por las falsedades, las he perpetuado?

Podemos atribuir gran parte de la culpa a un sesgo conocido como *efecto de verdad ilusoria*: nuestra inclinación a creer que una afirmación es cierta solo porque la hemos oído varias veces[123]. Caracterizado por el poder de la repetición para hacer que algo falso «suene a verdad», este efecto se ha demostrado utilizando un grupo de estímulos, desde los titulares de noticias falsas y las declamaciones publicitarias hasta rumores, trivialidades y memes de Internet.

El sesgo esclarece por qué, hasta los dieciocho años, estaba tan segura de que, si te tragabas un chicle, tardaría siete años en digerirse. Pero también es la causa de que la propaganda política se extienda sin esfuerzo, como un cúter de precisión que corta el papel de envolver. La influencia del efecto de la verdad ilusoria puede ser tan benigna como creer que las novias medievales apestaban más de lo que lo hacían o tan corrosiva como el mito de que las personas que utilizan el sistema de bienestar social son vagas. Con la verdad ilusoria se construyen, perpetúan y creen sin reservas leyendas y géneros enteros sobre individuos y sociedades. En el peor de los casos, los maestros del sesgo pueden convertirse en tiranos. Al trasladar a un escenario político tradiciones narrativas ancestrales, como la repetición y la rima, los personajes públicos pueden difundir de manera masiva falacias a propósito, exacerbando la intolerancia como medio de reforzar su propio poder. Por otra parte, estas técnicas lingüísticas le brindan una cuota de placer al aprendizaje de hechos

---

* Un elemento básico de los museos de tortura medievales es la doncella de hierro, un armario metálico con pinchos, que en realidad no era un artefacto de la Edad Media, sino más bien un invento fraudulento de finales del siglo XVIII.

reales. También nos alientan a darle más peso a la información corroborada por varias fuentes que a las anécdotas aisladas y aleatorias. Como todos los prejuicios, la espada de la verdad ilusoria tiene doble filo.

En 1993, las investigadoras Alice Eagly y Shelly Chaiken de la Universidad de Northwestern, publicaron un libro titulado *The Psychology of Attitudes* (*La psicología de las actitudes*), en el que sostenían que cuando las personas carecen de los conocimientos, la alfabetización o la motivación para evaluar de forma crítica un mensaje, se basan en heurísticos simples, como «los dichos conocidos tienden a ser creíbles» [125]. Es el camino de menor resistencia: si una perlita de información es fácil de asimilar, como «los campesinos malolientes son la razón de ser de los ramos de novia», nos obliga a *querer* creer en ella. La repetición es como un antiácido cognitivo que ayuda a digerir la información. Cuando uno se encuentra con un sentimiento dos veces y luego una tercera, empieza a responder a él de manera más rápida, ya que el cerebro malinterpreta la fluidez como exactitud. La familiaridad genera comodidad, pero también inmunidad para desaprender y reaprender, incluso en los casos donde no estamos tan apegados al conocimiento en primer lugar, como el falso origen de las flores de boda.

«Sustituir un pensamiento anterior por información nueva significa admitir que lo que pensábamos antes era erróneo», afirma Moiya McTier, divulgadora científica y autora de *The Milky Way: An Autobiography of Our Galaxy* (*La Vía Láctea. Una autobiografía de nuestra galaxia*) [126]. Según McTier, rechazar una afirmación se vuelve más difícil cada vez que nos encontramos con ella en la naturaleza. Rápidamente, nos resistimos a los hechos que contradicen aquello a lo que estamos acostumbrados. «Esto me da bastante miedo», confesó McTier, que me contó que tiene una pesadilla recurrente (que yo por desgracia viví) en la que difunde algo que oyó varias veces pero que resultó ser una patraña.

El problema es que no clasificamos las cosas que aprendemos en intervalos de confianza. En su lugar, tratamos todo lo que tenemos archivado en la mente como si fuera igual de cierto. En palabras de la autora: «El cerebro no separa las "cosas de las que estoy muy segura" de las "cosas de las que estoy menos segura". Solo almacena todo mi conocimiento como conocimiento». Incluso para los científicos formados, cuando se trata del manejo cotidiano de la información, la fluidez de procesamiento (si algo «nos suena» o no) es nuestra estrategia por defecto para evaluar la verdad. Solo cuando eso falla recurrimos al pensamiento real.

La relación ilusoria entre repetición y precisión se interioriza muy temprano. Los niños de cinco años ya asocian la familiaridad de una afirmación con la fiabilidad, y el hábito no desaparece en la edad adulta. Lisa Fazio, científica de la memoria de la Universidad de Vanderbilt, publicó un estudio en la revista *Journal of Experimental Psychology* (*Revista de Psicología Experimental*), en el que descubrió que los estudiantes universitarios caían presos del efecto de verdad ilusoria incluso cuando una prueba de conocimiento minuciosa revelaba más tarde que sabían la respuesta correcta [127]. El sesgo es tan potente que persiste incluso cuando se advierte de manera específica a los oyentes de que tengan cuidado con él. El estudio de Fazio llegó a la conclusión de que el efecto se producía cuando se les decía con claridad a los oyentes que la fuente de una afirmación era dudosa, cuando se presentaba con lenguaje calificativo, cuando era por completo inverosímil («Los peces pueden respirar aire») y cuando era obvio que violaba conocimientos previos («Mercurio es el planeta más grande del sistema solar»). El efecto de verdad ilusoria superó a los oyentes más allá de si el tiempo entre repeticiones era de minutos, semanas o meses. A riesgo de sonar exagerada, la repetición podría ser lo más parecido a un hechizo mágico.

En 2018, el psicólogo de Yale Gord Pennycook realizó una encuesta sobre la verdad ilusoria utilizando titulares de noticias falsas de la campaña presidencial estadounidense de 2016[128]. Descubrió que cuando los participantes provenientes de todo el espectro político ya habían visto una vez antes un titular falso y absurdo en apariencia, era hasta dos veces más probable que creyeran en esa información. Entre los titulares del estudio figuraban: «El matrimonio de Mike Pence se salvó gracias a una terapia de conversión gay», «Agente del FBI sospechoso de las filtraciones de correos electrónicos de Hillary aparece muerto en un supuesto asesinato-suicidio» y «Cuando sea presidente, Trump prohibirá todos los programas de televisión que promuevan actividades homosexuales, empezando por *Empire*». Tomemos el titular de la televisión gay: Pennycook observó que solo un 5 % de los participantes que *no* habían visto la afirmación en una fase previa del experimento pensaban que era cierta. Pero de los participantes que *sí* habían visto el titular con anterioridad, el 10 % lo consideró un hecho, percepción que se mantuvo cuando se les sometió a la prueba una semana después. Un aumento del 5 % puede parecer bastante bajo, pero hay que tener en cuenta que Facebook y Google, las dos mayores plataformas de distribución de noticias del mundo, han incluido titulares cuestionables e incluso conspirativos en sus secciones de noticias de actualidad. Cuando los «participantes» se cuentan por millones y el «estudio» es la vida real, no es de extrañar que el sentido de la verdad de los Estados Unidos se haya desmoronado como ruinas medievales.

Antes de la llegada de los sistemas de escritura y la distribución masiva de libros, la única forma de aprender algo sin experimentarlo de primera mano era a través de la repetición oral. Cantos fáciles de recordar, canciones, poemas, leyendas, alegorías, chistes. Puede que el ser humano promedio no estuviera acosado por la sobrecarga de información, pero estar mal informado tampoco era lo ideal. Durante la mayor parte de la historia, las élites de una comunidad (sacerdotes, miembros de la realeza, incluso los privilegiados escribas a los que se enseñaba a leer y escribir) custodiaban el conocimiento como si fuera un mineral precioso. La naturaleza clandestina de la información otorgaba a estos guardianes un poder inmenso, mayor al de cualquier individuo en la actualidad.

Más tarde, la tecnología democratizó la información, y las tradiciones populares que la gente había utilizado durante milenios para difundir la sabiduría adoptaron nuevas formas. Las citas concisas de Instagram fueron los nuevos proverbios; los titulares exagerados se convirtieron en nuestras antiguas leyendas. Hablé con el Dr. Tom Mould, especialista en cultura popular de la Universidad Butler, quien me explicó que una leyenda se define por tres cualidades fundamentales: se cuenta como verdadera, pero tiene un trasfondo de duda; su contenido es muy difícil o imposible de confirmar; y, al igual que una superstición, nos ayuda a captar y afrontar los miedos de toda una cultura. Las leyendas no suelen sobrevivir cuando son refutables de inmediato: por ejemplo, la afirmación de que una baya inofensiva es en realidad un veneno mortal. Comemos la baya y sabemos enseguida si mata o no. Pero la leyenda de que romper un espejo desencadena una maldición de mal sexo es más difícil de evaluar. Confirmar si se tarda siete años en digerir un chicle requeriría bisturíes y científicos. Y buena suerte verificando si Trump tenía intenciones de prohibir cualquier programa de televisión que «promoviera la actividad gay». Claro que podríamos buscar en Google la mayoría de las respuestas —los expertos como Eleanor Janega están al alcance más que nunca—, pero el efecto de verdad ilusoria es tan seductor que a menudo nos detiene y no lo hacemos. En su lugar, transmitimos las leyendas. Retuiteamos. Contamos al mundo una historia que en el fondo sabemos que no puede ser cierta.

Puede que los motores de búsqueda hayan facilitado el rastreo de datos, pero el lenguaje determina hasta qué punto se comparte ese dato. Utilizar los recursos narrativos favoritos de nuestra especie para hacer más accesible la información puede ser una herramienta educativa o un arma sociopolítica. Tomemos el caso de los proverbios. A lo largo de la historia, han ofrecido respuestas rápidas y de «sentido común» a los misterios más cerebrales de la vida, y suele haber un corolario que presenta una perspectiva opuesta para cada proverbio que conoce la mayoría de la gente. Por ejemplo, «A quien madruga Dios le ayuda» y «Golpea mientras el hierro está caliente» son contrarios a «Más vale tarde que nunca» y «Lo bueno se hace esperar». «Las acciones dicen más que las palabras» contrasta con «La pluma es más poderosa que la espada». Crecí escuchando tanto «El trabajo en equipo puede convertir un sueño en realidad» como «Los *haters* (odiadores) son mi motivación»*. Estas incoherencias son importantes, porque sugieren que hay múltiples enfoques para enfrentar la vida. Las cosas solo empiezan a ponerse siniestras cuando las figuras con autoridad pública, incluidos políticos, líderes religiosos y directores ejecutivos (pero también a veces quienes crean memes y pódcast), utilizan la receta de un proverbio para comercializar una ideología unilateral que no da cabida a antídotos.

La Dra. Sheila Bock, folclorista de la Universidad de Nevada (Las Vegas), me dijo que los proverbios más repetidos de la sociedad «no son necesariamente verdad, sino que tienen "sentido cultural"». Los tropos dan a los hablantes un marco para entender el mundo y, en tiempos de tensión, esos tropos se vuelven más rígidos. En 2020, Tom Mould llevó a cabo una encuesta en Internet en búsqueda del acervo popular en torno

---

* Otros aforismos contradictorios: «Ojos que no ven, corazón que no siente» vs. «La ausencia hace crecer el cariño»; «Dios los cría y ellos se juntan» vs. «Los polos opuestos se atraen»; la Regla de Oro (trata a los demás como te gustaría que te traten a ti) vs. «Los buenos siempre salen perdiendo»; y «La prisa es mala consejera» vs. «El que duda, pierde».

a las «reinas de la asistencia pública» (*welfare queens*) [129]. Mould les pidió a los participantes del estudio que echaran un vistazo a sus redes sociales y tomaran nota de cualquier meme que abordara la riqueza y la clase social. La mayoría de los encuestados eran estudiantes universitarios de izquierdas cuyos algoritmos reflejaban su política liberal, pero, aun así, de más de cien memes enviados, solo nueve defendían a los pobres. El estudio de Mould descubrió que los contemporáneos de izquierdas estaban más que contentos de denunciar a los hermanos blancos del «bienestar corporativo» o a los campesinos de clase trabajadora que recibían subsidios agrícolas, y que se suponía que estos comentarios eran progresistas, ya que subvertían el estereotipo de que alguien que recibe asistencia social debe ser una madre soltera de color. «El problema es que en realidad no hacían nada para sugerir que *no era así*, lo único que hacían era añadir nuevas personas a la definición de "reina de la asistencia pública"», afirma. «Nunca hemos visto una imagen empática de alguien que recibe ayuda del gobierno». Mould se preguntó si tenemos suficientes contraproverbios para mantener a raya la historia del sueño americano del hombre que se hizo a sí mismo desde cero. «Seguro que los hay», me respondió. «Solo que no sé si la sociedad mayoritaria ha abierto el espacio para escucharlos».

La repetición es una de las muchas herramientas lingüísticas que vuelven irresistible la regurgitación de rumores dudosos. Los estudios han demostrado que la gente percibe la información como más creíble cuando se presenta en tipografías fáciles de leer y/o en estilos de discurso fáciles de entender [130]. Una de las favoritas del público es la rima. En estudios contemporáneos sobre el llamado *efecto de la rima como razón* [131], los investigadores descubrieron que los participantes suelen considerar más verídica la frase «el enemigo de mi enemigo es mi amigo» que «las desgracias unen a enemigos» o que «las adversidades unen a los enemigos», aunque todas signifiquen lo mismo. En 1590, Shakespeare escribió: «¿Se ha golpeado a un hombre tan a destiempo, cuando en el por qué y en el por qué no hay concordancia ni razón?», * utilizando el efecto de la rima como razón de manera explícita para señalar la fusión entre la destreza artística y la precisión.

Los cuentacuentos ingleses han utilizado durante mucho tiempo la rima para inculcar sabiduría cotidiana en la mente de los oyentes. ** Cuando era pequeña, el celador del campamento de verano me enseñó la frase «Tres hojas, no lo cojas», para que recordara el aspecto de la hiedra venenosa y la evitara. En la universidad aprendí con rapidez «Cerveza antes que licor, nunca te sentirás peor. El licor antes que la cerveza, y no te dolerá la cabeza» (aunque ese dato demostró ser mucho menos fiable). Nuestros cerebros privilegian la rima en parte porque hace que el lenguaje sea más predecible. En casi todos los contextos, la imprevisibilidad es desconcertante, así que la mente hace todo lo posible por evitarla. Cuando encontramos una frase que rima, descomponemos de manera automática las palabras en unidades sonoras llamadas fonemas. Este proceso se denomina «codificación acústica» y es el primer paso para descifrar cualquier palabra[132]. En el caso de la

---

* En inglés «*out of season*» («a destiempo») rima con «*for no reason*» («ni razón»), pero en la traducción al español no se mantuvo el mismo efecto *(N. de la T.)*.

** La rima tiene un impacto extra en inglés, a diferencia de las lenguas romances y eslavas, como el italiano o el ruso, donde la rima aparece de forma natural todo el tiempo[133]. El inglés está lleno de incoherencias en la pronunciación de las palabras, la ortografía y la conjugación de los verbos, lo que dificulta la rima. La azarosa historia política y geográfica de la lengua ha dado lugar a una mezcolanza de lenguas germánicas, romances y celtas. Por eso se ha dicho que el inglés es un «ladronzuelo» lingüístico, que revuelve en los bolsillos de las lenguas vecinas en busca de vocabulario útil. Este desorden no se presta tan bien para facilitar la rima orgánica. Por ende, lo que podría parecer un recurso literario cursi en francés o griego, suena especial y satisfactorio al oído inglés. A menudo me he preguntado si los orígenes caóticos de la lengua inglesa inspiran una especie de caos subyacente en sus hablantes.

rima, la estructura sonora atractiva crea una especie de plano, un patrón, que parece volver más sensato el propio mensaje. La rima «purifica las bases» de nuestro complicado mundo, dijo en una ocasión el psicolingüista Steven Pinker [134]. Pone orden en el caos informativo. Huelga decir que esto nos resulta placentero.

De la misma manera que nos atraen los diseños a rayas o a cuadros tipo tartán escocés, o una despensa bien ordenada, también nos gusta la organización lingüística. Como observó la psicóloga de Stanford Barbara Tversky: «Cuando el pensamiento abruma a la mente, la mente lo baja a la tierra, sobre todo en forma de diagramas y gestos» [135]. La clave de la memorización es encontrar un lugar adecuado para cada pensamiento y, si un enunciado no es tan significativo como para percibirlo de manera ordenada y, por tanto, ser memorable por sí solo, se logra el cometido introduciendo a la fuerza un patrón, como la rima. Piensa en eslóganes políticos pegadizos: la Guerra Fría empezó cuarenta años antes de que yo naciera, pero conozco la frase «Mejor perder un ojo que ser rojo»* tan bien como «Veo, veo, ¿qué ves? Una cosa, maravillosa...»**. Sin pretenderlo, la rima por sí sola sirve para convertir pesadas filosofías políticas en adorables eslóganes. Como un efecto de halo lingüístico, cuando un enunciado es más atractivo, también lo consideramos más fiable. Por eso la regla de la rima como razón también se ha llamado la «heurística de Keats», en referencia a la famosa declaración del poeta John Keats: «La belleza es verdad, la verdad, belleza» [136].

Sin embargo, la verdad no siempre es la meta más importante cuando se trata de contar historias. En cambio, sí se busca reforzar ideales culturales, demostrar que se forma parte de un

---

* Del original en inglés «Better dead than red» (N. de la T.).

** Del orginal en inglés «One two buckle my shoe» (N. de la T.).

grupo, poner a prueba las normas sociales, provocar la risa* o el asco, o la risa y el asco. Los estudios revelan que estas emociones son dos de las mejores respuestas emocionales para lograr que la información sea persuasiva y se empiece a compartir.** Risas y asco: las dos reacciones que provocaba mi historia del baño medieval.

A través del trabajo de la profesora de psicología Tracy Dennis-Tiwary, de la Universidad Hunter College, aprendí otra razón por la que existe tanta mitología en torno a la Edad Media: fue el amanecer de la ansiedad moderna [137]. En su libro *Future Tense: Why Anxiety Is Good for You (Even Though It Feels Bad)* (*Tiempo futuro. Por qué la ansiedad es buena (aunque nos sintamos mal)*), Dennis-Tiwary señala que, en la Europa medieval, donde las mentes estaban encadenadas a la Iglesia Católica y se cernía sobre ellas la amenaza de la condena eterna, la gente se acostumbró a cierto tipo de angustia. Pero a partir del siglo XVI, cuando se disipó el feudalismo y surgió la Revolución Científica, las ideas sobre la capacidad de actuar y la individualidad animaron a la gente a cuestionar las viejas costumbres, a reconstruir las leyes de la realidad y a imaginar un futuro lleno de posibilidades. En ese momento, los problemas psicológicos mutaron. El lema de la Ilustración era *Sapere aude*, que significa «atrévete a saber». Pero

---

* Como género, los chistes hacen mucho más que provocar diversión. Permiten al orador abordar temas delicados dentro de los límites seguros de una negación plausible. Cuando un chiste ofende, el que lo cuenta puede responder: «Estaba bromeando», y luego utilizar esa disculpa para evaluar si el chiste de verdad reflejaba algún prejuicio interiorizado, todo ello sin tener que admitir en público que ha metido la pata. A veces los chistes son tan hábiles a la hora de camuflar mensajes problemáticos que los propios narradores no se dan cuenta de que lo que han dicho contradice sus propias creencias. Tom Mould confesó haber repetido un viejo chiste sobre una mujer adinerada que trae un perro callejero de unas vacaciones en México, y el veterinario le dice que en realidad es un roedor muy grande. Mould no se dio cuenta de que el chiste era xenófobo hasta que un amigo se lo señaló.

** Las otras emociones incluyen el miedo, la frustración y la sorpresa.

Dennis-Tiwary señaló que esta mente nueva, empoderada por la ciencia, que se atrevía a saber, era también «una mente vulnerable, despojada de la certeza medieval de la fe». Las incipientes ideas de creación personal autónoma chocaron con los erráticos zigzags de la vida, y esta discordia abrió un géiser de ansiedad latente. «Las generaciones posteriores lo llamarían *angustia existencial*», dijo Dennis-Tiwary.

Esta combinación de conocimiento, angustia y soberanía popular que surgió después de la Ilustración inspiró a Occidente a abordar la vida con un cierto estilo de ataque: conquistar tanto los territorios como las ideas. Desde entonces, desplegamos esta actitud beligerante cuando se trata de información. En especial durante las épocas de elecciones y otros momentos de agitación cultural, me parece importante recordar que los dogmas políticos se convierten en dogmas justamente porque se repiten con fervor. Cuando un político o un experto empieza a sonar más como un anuncio publicitario o un disco rayado que como un erudito, es una señal para escuchar con más atención, para tener en cuenta que el conocimiento no siempre tiene que ser transmitido como una canción de cuna.

Cuanto más pienso en el efecto de verdad ilusoria, más confirmo que no funciona solo con la información externa, sino también con las historias internas que nos contamos sobre quiénes somos. Tengo el hábito personal de narrar mi vida de forma tan agresiva que a veces me impide experimentarla con sinceridad, porque descarto cualquier punto de la trama que no encaje con el género o el tropo de mi personaje. Mi pódcast favorito, *Radiolab*, tiene un episodio fascinante titulado «*A World Without Words*» («Un mundo sin palabras»)[138], en el que la neurocientífica Jill Bolte Taylor habla de su libro de memorias que fue un éxito de ventas, *Un ataque de lucidez. Un viaje personal hacia la superación*[139]. El libro cuenta la historia del derrame cerebral masivo que Taylor sufrió a los treinta y siete años y que afectó los centros del lenguaje de su cerebro. Perdió de manera temporal la capacidad de articular pensamientos y sentimientos. Al principio, perder las palabras sonaba como mi versión personalizada del infierno, pero Taylor dijo que lo que en verdad sintió fue una sensación de euforia, de unidad casi psicodélica con su entorno. Eso se debe a que, durante unas semanas, la doctrina mental que había estado utilizando para narrar su vida —su arquetipo, la pirámide de Freytag de sus éxitos y fracasos— se desvaneció. Por un instante efímero, fue tan solo una página en blanco de pura experiencia. Sin repetición, sin rima. Sin razón ilusoria.

Me he pasado la vida atormentada por una lucha interna entre el asombro *y* la objetividad, entre la belleza *y* la verdad. ¿Cómo aceptamos ambas cosas al mismo tiempo? Esta fascinación influye en la forma de aprender que más me gusta. Mis profesores favoritos siempre han sido los que lograron pintar ideas complejas, propias del hemisferio izquierdo, con un pincel mitológico. El difunto astrónomo Carl Sagan era un maestro a la hora de cincelar vívidas alegorías a partir de teorías científicas: «Estamos hechos de estrellas»; «Si quieres hacer una tarta de manzana desde cero, primero tienes que inventar el universo».

El trabajo de Moiya McTier reside justo en la intersección entre la física y el folclore. McTier se crio en los años noventa y principios de los dos mil en los densos bosques de Pensilvania, en una cabaña sin electricidad ni agua corriente: solo tenía su imaginación y una vista despejada de un cielo estrellado. Se convirtió en la primera licenciada en Astrofísica y Mitología de Harvard y en la primera mujer negra en doctorarse en Astronomía por la Universidad de Columbia. «Creo que mi estudio del folclore me ha dado una flexibilidad que me permite comprender que hay diferentes epistemologías», me dijo. «Hay diferentes fundamentos de la verdad sobre los que puedes operar en diferentes momentos». Cuando la contratan para dar una conferencia sobre ciencia o para asesorar a los guionistas de una película cuando quieren corroborar que tenga sentido algún punto del argumento que refiere a la física, McTier reconoce que a veces los datos duros y fijos no son la forma más eficaz de comunicar. «A veces la gente necesita algo más empático o más abstracto», afirma.

Tom Mould explica que, aunque la expresión memorable no haga que la información sea más precisa, sí la hace más poderosa por lo «transportable» que es el lenguaje. «Dicen que las historias transportan a la gente al mundo de las historias, pero las propias narraciones son increíblemente transportables», explica. Es muy fácil llevar a cuestas algún proverbio pegadizo como «el enemigo de mi enemigo es mi amigo» o «los *haters* son mi motivación» y utilizarlo en todo tipo de situaciones, como una navaja suiza semántica. Las historias funcionan igual. «Puedes arrancar una historia de su contexto y contarla en otros lugares», dice Mould. No se puede hacer lo mismo con las estadísticas, los gráficos y los cuadros, formas de presentar los datos que a menudo se consideran superiores de manera unánime. «Es difícil recordar un gráfico», continúa Mould. «Pero ¿y si te contara un experimento en forma de anécdota?». Es improbable que se confunda una anécdota con un hecho objetivo, pero recurrir a una historia para dar vida a un hecho objetivo es pura magia.

Los diferentes campos de la ciencia utilizan todo el tiempo el lenguaje de la mitología para transmitir sus conceptos. En sus investigaciones sobre bioquímica, mi madre concibió el término «anástasis», que en griego significa «resurrección», para describir las células que se recuperan del borde de la muerte. También me gusta el término «zona Ricitos de Oro», apodo astronómico para designar las condiciones de temperatura planetaria propicias para la vida. (Es deslumbrante y cierto a la vez el hecho de que la Tierra se encuentra justo en medio de la zona Ricitos de Oro de nuestro sistema solar). Antes de su prematuro fallecimiento en 1999 a causa del mismo linfoma que mi madre padeció más tarde, la astrónoma Rebecca Elson publicó una colección de poesía titulada *A Responsibility to Awe* (*Una obligación con el asombro*), que contiene un *collage* de espectaculares simbolismos científicos aún más magníficos por su exactitud: «Si el océano es como el universo, entonces las olas son estrellas». «Los astrónomos somos nómadas… toda la Tierra es nuestra tienda de campaña» [140].

9

PERDÓN POR LLEGAR TARDE, DEBE SER MERCURIO RETRÓGRADO

Una nota sobre el sesgo de confirmación

Están quienes cuentan con la meditación, quienes cuentan con Jesucristo, pero en los últimos tiempos lo único que cura mi pavor existencial son los dinosaurios. Devoro vídeos de dinosaurios en YouTube, contemplo fósiles en museos de historia natural, incluso llego a sentarme a imaginar a las crías de terópodos siguiendo a sus madres a través de Pangea. Los dinosaurios me producen esa sensación de asombro que se supone debemos sentir. Cada vez que hablo de velocirraptores o iguanodontes en una conversación casual, la gente tiende a suponer que tomo psicodélicos, pero espero que nunca se me pase la emoción de saber que unos alienígenas terrestres espectaculares reinaron sobre este planeta durante 174 millones de años, mucho antes de que los humanos —que llevamos aquí solo el 0,01 % de ese tiempo— fuéramos siquiera un destello en los ojos de la evolución. Si consideramos la vida como una fiesta elegante y la Tierra como la casa donde se lleva adelante esa fiesta, fueron los dinosaurios los que la organizaron hace 245 millones de años. No lo merecían, pero fueron desalojados tras varias temporadas de inquilinato inmaculado, y nosotros, los humanos, somos los vándalos que acabamos de llegar y nos creemos los dueños de la casa. Los dinosaurios mantuvieron esta casa impecable, y ahora nosotros la estamos destrozando, empapando los muebles con cerveza barata, destrozando recuerdos de cerámica y vomitando en la piscina. Nosotros somos los que merecemos el desalojo. Si no empezáis a hacer compost por el bien de las generaciones futuras, yo digo que lo hagáis en memoria de los dinosaurios.

El día después de que la Corte Suprema anulara el caso Roe contra Wade y eliminara el derecho constitucional al aborto en 2022, fui a una exposición de dinosaurios animatrónicos. No podía haber sido una diversión más perfecta. Instagram había asediado a una amiga nueva, Kristen, con anuncios de la atracción, que estaba situada en un suburbio a cuarenta minutos de Los Ángeles. Al final, terminó rindiéndose ante una oferta promocional y me invitó a acompañarla, después de que yo le hubiera contado sobre mi obsesión por el Mesozoico al principio de nuestra amistad. Kristen y yo paseamos por el oscuro salón, entre un grupo de niños de primaria y sus padres, rodeadas de varias decenas de réplicas de reptiles, de tamaños que iban entre una motocicleta hasta pequeños yates. Los dinosaurios, que estaban iluminados con un arco iris de LED, siseaban, daban zarpazos en el suelo y movían sus poderosas mandíbulas en intervalos regulares. Como niñas en Disneylandia, Kristen y yo nos quedamos boquiabiertas al ver sus globos oculares de color ámbar y los adornos curvilíneos en las cabezas: «¿Cómo cuernos han calculado sus velocidades máximas de carrera?». «Creo que he encontrado el que tiene los brazos más pequeños» *. «¡Mira el bebé Parasaurolophus!».

---

* El tiranosaurio es conocido por lucir unos brazos de una pequeñez irregular, pero en realidad medían un metro de largo [141]. Concebidos para cortar a la presa, podían levantar un estimado de ciento ochenta kilos cada uno. Aún así, tenían un aspecto ridículo.

Esa visita a los animatronics, con sus dimensiones desproporcionadas y su confección improvisada, fue una loción relajante de calamina sobre esa terrible semana que fue como un sarpullido espantoso. Fue un grato recordatorio de lo efímero de la tragedia: sin duda, nos esperan tiempos más prósperos (y, ¿quién sabe?, tal vez un asteroide que acabe con la especie). Hicimos chistes cursis sobre cómo nuestra Corte Suprema estaba llena de bestias más primigenias que las allí presentes; compramos tatuajes temporales de tiranosaurios en la tienda de regalos y en el baño nos divertimos pegándolos sobre el pecho y la espalda.

Kristen, una bisexual con pelo de sirena que sueña con convertirse en estrella de cine, creció en una comunidad evangélica conservadora a las afueras de Dallas (Texas), cuyos miembros no creían ni en el aborto ni en la paleontología. A los veintidós años se escapó a Los Ángeles, donde sustituyó los rituales de su pasado centrados en Jesús por la astrología y las fiestas para ver la serie *The L World*. Los chicos de teatro exevangélicos son el tipo de amigos que me encanta tener. Sus traumas cinematográficos con temática del infierno les confieren un sentido del humor absurdo que de manera extraña encaja muy bien con el cinismo de mi origen cultural judío. Sus anécdotas sobre la «terapia de oración» o sobre hablar en lenguas me resultan más exóticas y apasionantes que cualquier pódcast de delitos reales.

Mientras dejábamos atrás a una familia de herbívoros mecánicos, Kristen me habló de su escuela fundamentalista, donde aprendió que los dinosaurios vivieron hace solo dos mil años y cohabitaron con Adán y Eva. «Nos enseñaron que Dios no los dejó subir al Arca de Noé, por eso se extinguieron», me confesó mientras jugueteaba con una hebra de hiedra falsa suspendida del techo. «Bueno, eso no es muy justo», respondí. «¿Dios dejó entrar a los mosquitos pero no a los dinos? ¿Qué le habían hecho?». «Me parece que la explicación no llegó tan lejos», dijo Kristen, y luego le tomó una foto a un triceratops que aullaba. Cuando los cazadores de fósiles empezaron a descubrir esqueletos prehistóricos a montones durante la llamada Guerra de los Huesos del siglo XIX, los cristianos inerrantes, como los antepasados de Kristen, se asustaron. Revisaron de atrás para adelante sus conclusiones sobre el Génesis para que estos descubrimientos coincidieran. Los huesos eran Dios poniendo a prueba su fe. O tal vez solo eran decorativos, como santos implantes subdérmicos. Me cuesta imaginar la disonancia cognitiva que esas personas deben haber sentido. Suena mucho más agotador a largo plazo que tan solo admitir que podrían haber estado equivocados.

Bueno, en realidad… creo que *sí* puedo imaginar la disonancia. Es igual a la repugnante pelea interna que siento dentro de mí todo el tiempo. La mayoría de nosotros asistimos atónitos a las acciones de fanáticos religiosos, directores ejecutivos de empresas tecnológicas y jueces opresores de la Corte Suprema. «¿Cómo pueden dormir por las noches?», nos preguntamos. La explicación es sencilla: como todos nosotros. A diario, adopto comportamientos de los que luego me arrepiento o con los que nunca estuve de acuerdo. He enviado mensajes de texto mientras conducía, he hablado mal a espaldas de otras personas y me obstiné en sostener argumentos que sabía que eran mentira. He comprado moda rápida fabricada por trabajadores explotados en el extranjero y he visto por voluntad propia películas hechas por conocidos depredadores. Cuando me fue conveniente, también realicé el contorsionismo mental necesario para justificar cada una de estas elecciones ante mí misma. Duermo por la noche como un bebé envuelto. Elegí apoyarme en la evidencia de que soy una persona buena de raíz y desestimé toda información que dijera lo contrario. Puede que no haya tanto en juego como en el caso de la Corte Suprema, pero el camino en zigzag que atravieso hasta llegar a la racionalización adopta una forma casi idéntica. Este acto de acrobacia cognitiva se conoce como *sesgo de confirmación*.

El sesgo de confirmación se ha colado en el discurso dominante como una canción *indie* de éxito inesperado, gracias a los análisis de nuestras divisiones políticas, cada vez más intensas, y al papel de las fuentes de noticias algorítmicas a la hora de afianzar las creencias de los usuarios y deshumanizar a sus oponentes. En términos generales, el sesgo se caracteriza por una tendencia universal a favorecer la información que valida nuestros puntos de vista y descarta la que los refuta. Es una heurística antigua que se filtra en casi todas las decisiones que una persona puede tomar, desde las ideologías políticas a nivel macro hasta las evaluaciones sobre personalidad que hacemos a diario (por ejemplo, deslizar a la izquierda y rechazar una cita potencial porque es escorpio, y todos sabemos cómo pueden ser los escorpios. Es broma. ¿O no?).

En teoría, no hay escenario psicológico demasiado extravagante o de alto riesgo para el sesgo de confirmación. Tiene el poder de hacer que una persona justifique casi cualquier delito o irracionalidad que pudiera cometer, desde los jefes mafiosos y sus asesinatos hasta los fanáticos conspiranoicos que detectan «pruebas» de sus convicciones dondequiera que miran, descifrando mensajes ocultos donde no los hay. Cuando se parte de una conclusión difícil o imposible de probar (por ejemplo, «La Tierra solo tiene dos mil años» o «No me llevo bien con los escorpio»), el sesgo de confirmación es el detective corrupto que ayuda a encontrar las pistas correctas. El sesgo es como una de esas prensas hidráulicas que pueden aplastar hasta una bola de bolos: solo las verdades más raras, más resistentes y de forma más perfecta tienen alguna esperanza de resistir.

Este fue el primer sesgo cognitivo que conocí. Surgió en gran parte de la investigación que hice para *Cultos. El lenguaje del fanatismo*. Para ese libro, me dediqué de manera específica a investigar las técnicas del lenguaje de las sectas, tácticas lingüísticas que cualquier líder hambriento de poder puede utilizar como arma, no solo los satánicos de túnica negra, sino también los políticos, las personalidades empresariales e incluso las estrellas del pop. Entendía sin problema la explicación lingüística, pero tenía problemas con la psicológica. ¿Cómo podía una persona relativamente inteligente y con capacidad de discernimiento permanecer fiel a un grupo, incluso después de haberlo perdido todo, incluido el sentido fundamental de quién se es? El sesgo de confirmación resultó ser una parte importante de la respuesta. Cuando uno ha llegado a creer que algo es cierto, pero se le presentan hechos contrarios, la naturaleza del cerebro es hacer lo que sea para que no los veamos o para que los reinterpretemos.

Uno de mis libros favoritos sobre el sesgo de confirmación es *Mistakes Were Made (But Not by Me)* (*Hubo errores (pero yo no fui)*), de 2007 [142]. En él, los autores Tavris y Aronson citan un estudio de principios de la década de los dos mil en el que los participantes estaban conectados a un tomógrafo de resonancia magnética mientras se les mostraban datos que reforzaban o negaban sus opiniones preconcebidas sobre George W. Bush y John Kerry. Ante los datos que no les gustaban, las áreas de razonamiento del cerebro de los participantes se oscurecían, como si el córtex prefrontal se metiera los dedos en los oídos, gritara «lalala» y abandonara la habitación. En cambio, cuando recibían información corroborativa, las regiones emocionales de sus mentes se iluminaban más que mi sonrisa en la exposición de dinosaurios. En un canon de estudios se replicó este resultado que demuestra que los hechos que refutan la posición no son convincentes, e incluso hacen que la persona se atrinchere aún más en su postura. Se le ha llamado «efecto contraproducente». Ni siquiera las personas más inteligentes y escrupulosas son inmunes. Una vez que te has comprometido con una idea y has defendido su sensatez, ajustar el marco mental a los nuevos datos es mucho más difícil que simplemente ignorarlos, o meterlos con calzador y hacer todo tipo de pilates psicológico que haga que encajen.

Esta información fue en particular humillante a nivel personal. El sesgo de confirmación no explicaba tan solo las decisiones de los seguidores de la secta de Jonestown y de los extremistas políticos modernos, para quienes los hechos no suponían ninguna diferencia, sino también muchas de mis propias decisiones extrañas. En medio de mi relación con el señor Mochila, durante un periodo de máximo malestar, pasé una noche entera en Internet haciendo un cuestionario tras otro para determinar si debíamos romper o no. Solo uno dio como resultado un «no». Adivina a cuál le hice caso. Mi estrategia de toma de decisiones era como agitar una Bola 8 mágica y detenerme solo cuando daba una respuesta que reforzaba una decisión que ya había tomado. «Sin duda», agitaba la bola, «Los indicios apuntan al sí», volvía a agitar, «Respuesta confusa, inténtalo de nuevo», agitaba otra vez…

Después de que Kristen y yo terminamos de ver la exposición de dinosaurios, sugirió que hiciéramos como cualquier habitante de las afueras de la ciudad y disfrutáramos de unos tragos 2x1 en el restaurante Chili's. Un grato recuerdo de la canción publicitaria de la cadena de restaurantes de principios de la década de los dos mil envolvió mi lóbulo temporal como el olor del cabello de un viejo amante: *I want my baby back, baby back, baby back…* * (*quiero recuperar a mi bebé…*). Una margarita barata cargada de nostalgia y un poco de queso sonaban como la perfecta medicina para el alma que necesitaba. En el último año, los precios de los cócteles en Los Ángeles habían subido hasta unos ofensivos dieciocho dólares. ¿Y para qué, para el ambiente? Los

---

* Cita de la canción publicitaria del restaurante estadounidense de comida tex mex Chili's La letra completa es: «I want my baby back, baby back, baby back/ I want my baby back, baby back, baby back / I want my baby back, baby back, baby back /Chili's baby back ribs». Es parte de la campaña publicitaria de Chili's para promocionar sus costillas a la barbacoa (*N. de la T.*).

taburetes se habían vuelto tan duros, la iluminación tan oscura y la música *shoegaze* tan alta que, si no me hubiera comprometido ya a ese estilo de vida, lo consideraría una tortura. «Chili's está perfecto», respondí.

Mientras Kristen y yo tomábamos unas margaritas de mora de seis dólares del tamaño de nuestras caras, nos sumergimos de nuevo en la comparación de sagas familiares de nuestras crianzas. En Texas, donde ella creció, todo el mundo vivía con la expectativa diaria del Rapto. En cualquier momento, Jesús podría resucitar y llevarse con él solo a sus verdaderos leales al parque de atracciones adornado con dulces y caramelo que era el cielo. Todos los demás se quedarían atrás para arder. Así que más vale que aceptes al Señor en tu corazón todos los días, y con emoción, o si no estarás condenado igual que los dinosaurios.

Como conceptos, el sesgo de confirmación y el apocalipsis son un binomio exquisito. He llegado a creer que la mente está hecha para el día del juicio final. Muchos fenómenos pueden parecer «pruebas» de que el cielo se está cayendo, desde un asteroide que acabe con la especie hasta la amenaza de un despido inminente. Perder un AirPod puede parecer una distopía. Una racha de mal tiempo puede parecer una distopía. En *Los que sueñan el sueño dorado*, Didion llamó a los vientos de Santa Ana de Los Ángeles «el clima de la catástrofe»[143]. Dijo que «la violencia y la impredecibilidad de los vientos… afectan a todo el estilo de vida de Los Ángeles, acentuando su falta de permanencia y de fiabilidad. El viento nos muestra lo cerca que estamos del abismo». A cualquier escala, la inestabilidad puede hacer que una persona sienta que el mundo de verdad se acaba, incluso cuando no es así, ni siquiera de cerca. Me parece curioso que, aunque las explicaciones científicas de fenómenos como los fuertes vientos se vuelven más precisas y fáciles de entender, nuestra sensación de fatalidad no desaparece. Está claro que más información no aplaca la agitación. Si quieres pruebas de que el apocalipsis está a punto de llegar, el sesgo de confirmación se encargará de que las encuentres.

La primera vez que consideré la posibilidad del fin del mundo fue en 1999. Una mañana, antes de ir al colegio, estaba parada balanceándome con la mochila puesta cuando oí por la radio que algo llamado «Y2K» o «año 2000» estaba a punto de llegar y tenía a más de uno convencido de que los relojes, los ordenadores y los bancos se iban a apagar[144]. Se predijo que sobrevendría algo llamado «anarquía». Estos creyentes —«agoreros», como se llamaban a sí mismos— liquidaban sus cuentas de jubilación y vendían sus acciones, y acumulaban legumbres y arroz por toneladas. Mis padres no parecían preocupados por este asunto del fin de los tiempos, ni tampoco la señora de la NPR, así que pensé que el año 2000 no era más que otro cuento popular, como el hombre del saco o el monstruo del lago Ness*, y que algunos adultos estaban demasiado asustados.

De hecho, el año 2000 llegó y se fue, y el mundo no se detuvo… pero tampoco lo hicieron los agoreros.** Desbordados de disonancia cognitiva, tenían dos opciones: o admitir que todo lo que habían hecho era ridículo, o arremeter con todo. No hubo debate. El sesgo de confirmación era su Arca, y la mayoría de los

---

* El descubrimiento masivo y la exhibición de huesos de dinosaurio en el siglo XIX influyeron en la percepción que la gente tenía del monstruo del lago Ness. Antes de que los dinosaurios aparecieran en las películas y en las sábanas de los niños, cuando alguien afirmaba haber avistado una bestia marina, decía que parecía una serpiente. Luego, a medida que aumentaba el conocimiento sobre los dinosaurios, las descripciones de los avistadores empezaron a parecerse más a los reptiles marinos mesozoicos, como el *Plesiosaurus,* un dinosaurio con aletas y cuello largo que es la *copia exacta* de la imagen personal que tengo del monstruo Nessie. Los nuevos conocimientos no disiparon los temores a las bestias míticas, sino que les dieron una nueva forma.

** Dos décadas después del año 2000, los agoreros siguen existiendo, pero desde entonces se han rebautizado como «preparacionistas». En Amazon, los kits de preparación son una categoría sólida. En una semana puedes recibir un paquete con ochenta y cuatro comidas de emergencia no perecederas por 160 dólares (lo que me parece muy económico, con apocalipsis o sin él).

agoreros se aferraron a él, mientras sostenían que sus preparativos para el año 2000 no eran absurdos, que había sobrada evidencia de que habían acertado. Los foros de mensajes se llenaron de testimonios sobre videograbadoras y cajeros automáticos que funcionaban mal. Incluso la falta de pruebas se interpretaba como una evidencia, señal inequívoca de un encubrimiento gubernamental. Los que admitían que se habían equivocado eran tildados de zopencos y traidores. «A pesar de que mi familia y amigos se reían de mí y me decían que estaba loco por prepararme, seguí adelante y me preparé de todos modos. Ahora siento MUCHÍSIMA VERGÜENZA», publicó en un foro un usuario arrepentido poco después del año nuevo. Enseguida lo atacaron las críticas ácidas de los otros supervivientes, que trataron su disonancia de forma opuesta. «Un auténtico previsor del año 2000 nunca haría declaraciones tan idiotas», replicó uno de tantos usuarios, más seguros que nunca de que el cataclismo para el que se habían estado preparando era inminente. Y siendo sinceros… El atentado a las Torres Gemelas, la recesión económica de 2008, COVID-19. Sin duda podrían argumentar que el apocalipsis *sí* llegó.

Aquí va un ejemplo de esta tendencia a ver solo lo que se quiere ver. En la soleada y ambiciosa California del Sur, culpar a una conspiración cósmica de los contratiempos tecnológicos es una costumbre muy extendida. Lo llamamos astrología. Con sinceridad, ironía o una mezcla de ambas, los adultos de alto rendimiento de Los Ángeles suelen recurrir a los signos del Zodiaco y a las posiciones retrógradas de los astros para excusar sus deslices, desde faltar a una cita hasta los errores de etiqueta en los mensajes de texto. «Lo siento, llego tarde, típico de piscis» es una frase que he oído por casualidad no hace ni veinticuatro horas. Intercambiar cartas astrales y horóscopos es un ritual común en todas las reuniones sociales. Una vez, en medio de una horrible tribulación profesional, uno de mis queridos amigos intentó consolarme echándole la culpa a mi «retorno de Saturno», el patrón celestial que al parecer produce grandes cambios en la vida en torno a los veintinueve años. El año pasado, en una fiesta, una invitada anunció con destellos en los ojos que presentía que su actual proyecto creativo iba a despegar pronto porque una astróloga de TikTok se lo había dicho. Me mostró el vídeo: «Si estás viendo esto en el "Para ti" es que estaba *destinado* a encontrarte. Estás a punto de manifestar abundancia», canturreaba una mujer boho-chic con extensiones de pestañas a cambio de más de 200.000 «me gusta». Tan solo se trata de una sabia estrategia de captación: aprovecha los sesgos de confirmación de los espectadores diciéndoles a todos los que pasen por su contenido justo lo que quieren oír.

Por supuesto, el sesgo de confirmación sirve para algo, o de lo contrario no existiría. En un artículo de 2020, el filósofo alemán Uwe Peters señaló que uno de los beneficios evolutivos del sesgo podría ser que «nos ayuda a alinear la realidad social con nuestras creencias»[145]. ¿Hasta qué punto sería un caos insostenible si nuestra realidad social y nuestras creencias nunca se sincronizaran? Cuando se aborda con un guiño escéptico, el «retorno de Saturno» es una lente a través de la cual estrechar lazos sobre un patrón compartido: la crisis del cuarto de vida. Es estupendo tener excusas para conectar con los demás, ignorar las diferencias entre nosotros porque existe algo en común, aunque sea en su mayor parte algo inventado.

Si este sesgo no existiera, cada elección sería una agonía: ¿Pido ensalada o patatas fritas? ¿Debo aceptar ese trabajo o esperar a otro mejor? ¿Por qué no nos separamos antes de que todo empeorara? ¿Por qué no pasé más tiempo con mis abuelos? ¿Por qué no invertí en Zoom en 2019, me enriquecí e hice una oferta en ese fabuloso listado de propiedades *online* justo antes de que el mercado se inflara y me jodiera para siempre? «El sesgo de confirmación te ayuda a deshacerte del tipo de incertidumbre que podría frenar a una persona a la hora de tomar una decisión oportuna», me dijo Frank McAndrew, psicólogo de la Universidad de Knox. El sesgo nos permite vivir con nosotros mismos.

Pero ¿y si la elección precisa fuera más importante que la decisión oportuna? ¿Como en escenarios políticos o financieros, o en dilemas interpersonales que implican un montón de variables emocionales? Esta parece ser una de las mayores amenazas del sesgo de confirmación: le da un permiso general a la mente para excederse en la simplificación de argumentos en una época en la que las discusiones se vuelven cada vez más espinosas. Este debilitamiento de las ideas intensifica las grietas «nosotros vs. ellos» en un entorno social que exige que aprendamos a tolerar la disonancia cognitiva y el peaje mental que requiere, y no a comprimirla con presión hidráulica hasta el olvido, si no queremos que nuestros diques mentales se rompan y nuestros prejuicios se desborden de golpe. McAndrew explicó: «Si una cuestión requiere pensar despacio, no solo hay que preocuparse por el sesgo de confirmación, sino que cuando empiezas a fijarte en lo que dice la otra parte, ahora compites con ellos. En ese momento entra en juego el sesgo de la suma cero, porque quieres tener más razón que ellos. Todas estas cosas operan a la vez. Es muy raro que un error se deba a un único sesgo».

En mi investigación sobre sectas aprendí que, ya se trate de partidarios políticos, amantes de la astrología, evangélicos, preparacionistas listos para el juicio final o fanes de Taylor Swift, el sentido de pertenencia social es más valioso que cualquier creencia. Y, desde luego, es más valioso que la verdad. El sesgo de confirmación funciona a todas horas en los grupos ideológicos, donde cuestionar un principio (como la historia del Génesis o la genialidad de Taylor Swift) significa traicionar una identidad, una estética, una hermandad. Si cambiar de opinión significa perder la «tribu», no vale la pena. Un estudio clásico de Stanford de 1979 descubrió que, tras enfrentarse a pruebas convincentes que apoyaban o refutaban la pena capital de igual medida, los participantes afirmaban sentirse aún más apegados a sus opiniones originales sobre el asunto[146]. Un experimento realizado en 2011 en Yale sobre las percepciones del cambio climático concluyó que, en realidad, los sujetos del estudio estaban *menos* dispuestos a considerar el bando contrario si contaban con *más* información científica[147]. ¿Por qué? La información adicional les hacía defender mejor su credo. «La polarización cultural es mayor, no menor, a medida que aumentan los conocimientos científicos», concluyen los investigadores. «A medida que los ciudadanos comunes aprenden más sobre ciencia… se vuelven más hábiles a la hora de buscar y dar sentido —o, si es necesario, una explicación— a las pruebas empíricas relacionadas con la postura de su grupo».

En su profética novela posapocalíptica *Estación Once*, la autora Emily St. John Mandel incluyó una escena en la que un grupo de personas de todas las procedencias veían a un presentador de televisión dar la noticia de que se había desatado una pandemia mundial, y todos los espectadores le creían[148]. Conocí a Mandel en un festival literario en 2022, seis años después de la publicación de *Estación Once*, cuando contó que la escena del presentador de noticias hoy en día sería inverosímil. Ya no podemos esperar que un grupo de personas al azar sintonicen la misma emisión y escuchen todos lo mismo. «Hemos perdido la realidad consensuada y no sé cómo podremos recuperarla. Ahora es como un menú: elige tu propia realidad», dijo Mandel.

Si las creencias son menos importantes que la pertenencia, ¿qué pasaría si estuviera permitido culturalmente cuestionar una creencia en cualquier momento? ¿Qué pasaría si el deseo de buscar hechos reales no se viera como una traición, y que un determinado pensador tuviera razón en una cosa no hiciera que otro estuviera equivocado en todo?

Es frustrante, pero, por regla general, utilizar los hechos para intentar cambiar las ideas de otra persona no siempre es, como diría un economista conductista, un uso racional del tiempo y los recursos cognitivos limitados de cada uno. Pero, por fortuna, sí podemos tener mejor suerte cambiando nuestras propias ideas y mente. Un estudio de 2021 publicado en la revista *Philosophical Transactions of the Royal Society* descubrió que cuando las personas se entrenaban a sí mismas para darse cuenta de sus propios procesos de pensamiento eran capaces de reforzar sus defensas contra la desinformación y el dogma[149]. Todavía estoy aprendiendo este talento; estoy segura de que nunca llegaré a dominarlo. Pero el desafío continuo me ha hecho, por lo menos, más compasiva con las irracionalidades de los demás y escéptica con las mías.

En su libro *The Extended Mind* (*La mente ampliada*), la escritora de ciencia Annie Murphy Paul ilustra la relación de amor-odio que muchos de nosotros mantenemos con nuestra propia mente. «A menudo consideramos el cerebro como un órgano de un poder asombroso y casi insondable. Pero también somos propensos a tratarlo con imperiosidad prepotente, esperando que cumpla nuestras órdenes como si fuera un dócil sirviente», escribe. «Presta atención a esto, le decimos; recuerda aquello; ponte las pilas y haz el trabajo. Por desgracia, a menudo descubrimos que el cerebro es… voluble en su concentración, poroso en su memoria e inconstante en sus esfuerzos».

He perdido incontables horas sobreanalizando el mundo hasta la muerte. He pasado miles de horas en terapia tratando de desentrañar las decisiones confusas de otras personas, en un intento inútil de salir de mi tristeza con el intelecto, como si la racionalización perfecta de por qué alguien actuó de determinada manera hiciera que su comportamiento cambiara y mi alma sanara. Siempre creeré en el poder material de las palabras y los hechos, pero también sé que hay un punto a partir del cual no te hacen sentir mejor. La carga emocional de demasiada información no siempre se apacigua con más información.

Cuando el volumen de mi cerebro sube demasiado, vuelvo a los dinosaurios. Con más honestidad que cualquier pensamiento cíclico, ponen las cosas en perspectiva. Kristen y yo aprendimos en la exposición animatrónica que la palabra «dinosaurio» fue acuñada en 1842 por un naturalista británico llamado Sir Richard Owen. De raíces griegas, el término se traduce como «lagarto terrible». Durante más de un siglo, los científicos pensaron que todos los dinosaurios parecían monstruos. Pero cuanto más desenterraban de ellos, menos terribles y menos lagartos parecían. Los dinosaurios no eran solo Godzillas con escamas verdes. Había miles de especies diferentes, algunas con plumas de pavo real y otras tan pequeñas como un cocker spaniel. Los dinosaurios eran a veces hermosos, a veces temibles, y se han perdido incalculables detalles sobre ellos en el tiempo. Prefiero esta versión de su historia. Es una alegoría: puedo quedarme con la conclusión sencilla de que el mundo está lleno de bestias, o puedo tomar mi cepillo y, poco a poco, empezar a retirar los detritos. El mundo puede darnos una lección de humildad, pero solo si se lo permitimos.

10

LA FASCINACIÓN POR LA NOSTALGIA

Una nota sobre el declinismo

Plus ça change, plus c'est la même chose.

Jean-Baptiste Alphonse Karr, 1849

En su debate sobre los estados de flujo, Mihaly Csikszentmihalyi señaló que, desde la década de 1950, el porcentaje de estadounidenses que afirman que su vida es «muy feliz» ha permanecido prácticamente invariable[150]. Cuando compartí esta estadística con Casey, respondió sorprendido. «Es que la calidad de vida en general ha aumentado mucho desde entonces. De forma exponencial», dijo.

Más sorprendente me pareció la cifra en sí. Casey calculó que el porcentaje de personas «muy felices» rondaba el 33 %. Yo habría predicho algo más cercano al 15 % (lo que demuestra mi actitud). Pero él tenía razón. Más allá de un breve descenso en 2021, el porcentaje de estadounidenses que se autoproclamaron supercontentos se ha mantenido en torno al 30 %[151]. Hemos recorrido un largo camino desde los años cincuenta; la gente vive más tiempo y puede aprovechar más oportunidades y comodidades que nunca. Pero, a nivel colectivo, no parece que seamos más felices. Hay algo en ese cálculo emocional que no cuadra. Si hacemos «progresos» exponenciales, pero no nos sentimos mejor, cabe preguntarse qué sentido tiene. Esta estadística no inspira mucha esperanza para el futuro. Pero ¿sabes qué sí lo hace? La nostalgia del pasado.

Mi neologismo favorito de este siglo hasta ahora es «anemoia», que describe el sentimiento de nostalgia por una época que no conocimos[152]. El término fue acuñado por John Koenig, autor de *The Dictionary of Obscure Sorrows* (*El diccionario de las penas desconocidas*), un encantador compendio de palabras imaginarias para emociones que no tenían nombre. Como por ejemplo «desanté» (desalud), el delirio melancólico de estar enfermo, que hace que el tiempo se ralentice y convierte incluso las tareas más patéticas en luchas monumentales, o «rubatosis», la inquietante conciencia del propio latido del corazón. «Anemoia» hace referencia a dos palabras del griego antiguo: *ánemos*, que significa «viento», y *nóos*, que significa «mente». Creo que era la lengua perfecta de donde tomar prestado ya que la antigua Grecia se ha romantizado durante mucho tiempo, siguiendo el espíritu mismo de la anemoia. Incluso los propios griegos debieron de añorar ciertas épocas pasadas, como el Antiguo Egipto por sus actitudes igualitarias o los cazadores-recolectores por su trascendentalismo. La nostalgia es un sentimiento atemporal, aunque también tiene sus picos, periodos en los que la civilización parece cambiar demasiado deprisa. La gente se siente abrumada por el presente y desaparece en el pasado. Los antiguos griegos vieron pasar toda la Edad de Bronce. Fueron testigos de la invención de la ciudad-Estado, los Juegos Olímpicos, la cartografía, la geometría, la filosofía. Muchas cosas en muy poco tiempo. Puedo ver con claridad cómo los antiguos griegos, como nosotros ahora, deben haber anhelado épocas más simples que no conocieron. Anemoia.

Idealizar el pasado lejano, mientras al mismo tiempo se disfruta de las comodidades modernas del presente, se ha convertido en un curioso patrón cultural. He visto a esposas tradicionales (*tradwives*)* de Instagram teñir a mano vestidos campestres de estilo del siglo XIX delante de lentes anamórficos de un iPhone. He visitado la extensa categoría de «estilo de campo» de la plataforma de venta de productos artesanales o *vintage Etsy*, donde puedes encontrar miles de productos modernos optimizados para la nostalgia: «lámpara LED de noche con diseño de setas mágicas», «caja de regalo con curiosidades *vintage* seleccionadas». En plena pandemia, me gasté treinta y dos dólares para que una señora de la zona rural de Vermont me enviara un paquete con plumas de avestruz, dientes de cocodrilo, madera petrificada y un libro de herbología de bolsillo para poder disfrazarme de hada de los bosques victorianos. Quizá cuanto más angustioso sea el momento actual, más atrás en el tiempo sentimos la necesidad de ir. La nostalgia suaviza las aristas de una época para que podamos sumergirnos en un cálido baño de fantasía. La novelista Ursula K. Le Guin escribió en *Cuentos de Terramar*: «Los acontecimientos pasados existen, después de todo, únicamente en la memoria, que es una forma de imaginación. El acontecimiento es real *ahora*, pero una vez que es *entonces*, su continua realidad depende totalmente de nosotros, de nuestra energía y de nuestra honestidad»[153]. Mantener la honestidad sobre el pasado es tan agotador que muchos optamos por no intentarlo.

---

* Abreviatura de «*traditional wives*» (esposas tradicionales), las *tradwives* son un contingente de mujeres del siglo XXI que eligen la vieja escuela y asumen responsabilidades que la norma dictamina como femeninas: la cocina, la jardinería, el orden y la crianza de los hijos. Mi *tradwife* favorita imita el estilo de Laura Ingalls Wilder y Blancanieves: vestidos florales de campesina, delantales con volantes. Una especie de anti-Kardashian, la *tradwife* no es una #*bossbabe* (chica al mando). Está demasiado ocupada haciendo conservas de higos y doblando sábanas como para preocuparse por conquistar el mundo.

En lo personal, soy una fanática de la anemoia. Tal vez sea escapismo o negación pura y dura, pero en los últimos años estuve adornando mi casa con baratijas *vintage* y escribiendo a la luz de las velas de vez en cuando, como si fuera una solterona de la campiña francesa, o tal vez una chica del clan Manson viviendo en el polvoriento rancho Spahn de Los Ángeles antes de que la mierda se desatara. He armado mi propia caja de curiosidades de prácticas pasadas, centrándome en lo mejor de cada época que no he conocido para evitar enfrentarme a lo peor de esta. Puede que en momentos de malestar tenga más sentido soñar con el futuro, ya que es hacia donde nos dirigimos, pero el futuro es desconocido, inquietante. No tiene artefactos tangibles: ni vestidos campestres, ni discos de vinilo. La mayoría de nosotros preferimos experimentar algo familiar, aunque sea negativo, antes que arriesgarnos a lo desconocido.

La nostalgia es un rasgo peculiar de la afectividad, pero tiene un análogo cognitivo. Muchos estados de ánimo cotidianos van acompañados de sus respectivos sesgos. La envidia, por ejemplo, es para el sesgo de suma cero lo mismo que la paranoia es para el sesgo de proporcionalidad y la nostalgia es para el *declinismo*: la falsa impresión de que las cosas están peor ahora que en el pasado, y que a partir de aquí todo es cuesta abajo [154].

La investigación en psicología cognitiva ha revelado que los recuerdos de emociones negativas se desvanecen más rápido que los de emociones positivas,* un fenómeno conocido como *sesgo de desvanecimiento del afecto* [155]. Como la mayoría de nosotros preferimos recordar los momentos felices, nuestros recuerdos alegres se fortalecen, mientras que los malos se marchitan, lo que conduce a una idealización general del pasado. El declinismo explica por qué una persona puede mirar fotos viejas de sí misma,

---

* Los recuerdos de sucesos traumáticos, que acechan a quienes los recuerdan en *flashbacks* involuntarios, son excepciones destacables.

y anhelar volver a los diecinueve años y a las mejillas de bebé, a pesar de saber bien que mientras transcurrían esos años todo se vivía con tristeza y sin rumbo en ese momento.

En mi propia vida, el declinismo aparece sobre todo en las ensoñaciones, cuando las obligaciones laborales me parecen tan abrumadoras que empiezo a plantearme cambiar mi apartamento de Los Ángeles por una cabaña remota y mi conjunto deportivo sintético por una enagua de crinolina acampanada para volver a vivir como si fuera 1849, sin tener en cuenta que entonces todo el mundo se moría de tuberculosis y las mujeres no tenían derechos. En 2023 vi a la poetisa y escritora de memorias Maggie Nelson en la gira de presentación de su colección de ensayos *On Freedom* (*Sobre la libertad*), donde abordó la tendencia de las feministas convertidas en esposas tradicionales. Postula que el fenómeno de las progresistas convertidas en Laura Ingalls en *La Casa de la Pradera* podría haber surgido de una generación de mujeres que sintieron que se les prometió una liberación que no resultó como esperaban, por lo que decidieron volver a una forma de puritanismo con una estética más actual. Además, tenían recursos de sobra para optar por un estilo de vida más laborioso, que incluyera elaborar a mano su propia leche de avena y todo eso. En el proceso, acabaron encontrándose con otro grupo demográfico compuesto por antifeministas de derechas que llegaron a la cocina de la granja por razones diferentes, más oscuras, pero así es la teoría de la herradura. El declinismo nos da permiso psicológico y cultural para normalizar la creencia de que sin duda la vida era mejor, o al menos más soportable a nivel espiritual, en los «buenos viejos tiempos», cuando quiera que fuesen.

El cerebro se comporta de manera muy peculiar con respecto al tiempo. Por defecto, hiperdramatiza el presente, glorifica el pasado y devalúa el futuro. En relación con el declinismo, un engaño denominado *sesgo del presente* describe nuestra propensión a exagerar los acontecimientos que están ocurriendo en el presente mientras infravaloramos lo que ocurrirá dentro de unos años o incluso días. Un estudio de psicología de la UCLA de 2015 reveló que las personas conciben su yo futuro como un extraño, razón por la que a menudo procrastinamos nuestros deberes y postergamos el ahorro para la jubilación[156]. Nos cuesta preocuparnos por esos desconocidos, aunque sean nuestros futuros yo.

Coco Mellors, autora de la novela *Las hermanas Blue*, odia la nostalgia. Hace una década que está sobria y guarda poco sentimentalismo hacia los años anteriores. «La nostalgia no es honesta», me dijo. «El pasado está lleno de conflictos y matices, pero la nostalgia lo reduce a las partes más benignas». Estoy de acuerdo en que rememorar, o, si se prefiere, obsesionarse con el pasado, puede volverse lacrimoso y autodestructivo. Desde luego, no encaja con el espíritu de «vivir el presente» propio de la recuperación. Mellors continuó: «Como adicta, es peligroso mirar atrás y recordar tus mejores momentos —aquella noche que bebiste la cantidad exacta y estuviste encantadora y divertida— porque esa nunca fue la realidad. Tienes que evocar cómo fueron en realidad esos tiempos para recordar por qué no quieres volver atrás».

Romantizar el pasado también puede tener un extraño efecto atemperador en el arte. Durante las convulsiones sociopolíticas de finales de la década de 2010 y principios de la de 2020, Hollywood nos ofreció un abanico de paseos nostálgicos por el carril de los recuerdos: los elencos de *Friends* y *Harry Potter* volvieron a juntarse para especiales de reencuentro llenos de sentimentalismo. Disney convirtió su canon de clásicos animados en una gallina de los huevos de oro que ponía *remakes* de acción real (la espeluznante versión IGC de 2019 de *La dama y el vagabundo* sigue atormentándome)[157]. Se lanzaron cientos de pódcast sobre ciertos programas de TV, donde antiguos compañeros de *The Office* y *The O.C.* revivieron recuerdos del set de filmación. En la cuarentena del COVID-19, me perdí en un remolino de insípidas nuevas versiones cinematográficas, cuyos títulos no voy a revelar porque me encantaron a pesar de su mediocridad, o tal vez a causa de ella.

La socióloga Tressie McMillan Cottom dijo: «La celebridad nostálgica es un artista castrado. Eso nos gusta». Estos *remakes* eran, como señaló Cottom, apolíticos, superficiales y cómicos. ¿Quién quiere sentirse interpelado por algo que uno buscó de manera explícita por la calidez que le aportaría? «La nostalgia embota la política que produce todo el arte, en especial el arte popular», escribió. ¿Seguiría siendo Disneylandia el lugar más mágico del mundo si reconociéramos que el parque en un principio se construyó para ofrecer a los blancos de las afueras de la ciudad un santuario alejado de la agitación racial y sexual de mediados de siglo? [158] Los comentarios de Cottom iban dirigidos en particular a la renovada aceptación cultural de Dolly Parton en un ensayo de 2021 titulado «*The Dolly Moment: Why We Stan a Post Racism Queen*» (*El Momento Dolly: por qué idolatramos a una reina del posracismo*). [159] Escribió: «Incluso si recuerdas que la canción "9 to 5" formó parte de la difusión de un feminismo de la mujer trabajadora muy abarcativo, no sientes la urgencia del momento en la letra… No aparece ninguna petición de firmas, ninguna marcha a la que asistir y ninguna discusión sobre si las mujeres deben estar en el lugar de trabajo».

La nostalgia revisa sin pudor nuestras actitudes hacia las figuras públicas. Pienso en los triunfales regresos de celebridades como Britney Spears, Paris Hilton, Lindsay Lohan y Pamela Anderson. Durante mi adolescencia en los años 2000, el consenso de la prensa sensacionalista era que estas mujeres eran unas rameras pasadas de moda; pero menos de quince años después todas ellas experimentaron un asombroso y sincronizado resurgimiento en su carrera, que incluyó carteleras en Broadway, contratos cinematográficos en Netflix y la emancipación. Para 2020, ya no se tiranizaba ni catalogaba a estas figuras como muñecas que tenían el poder de arruinar la sana feminidad estadounidense, sino como ángeles infravalorados. En cuanto llegó la pandemia y crecieron las ansias de recordar el «Magnífico Antes», Pamela y Paris le ofrecieron a la otrora despiadada muchedumbre un consuelo reconfortante, como cuando te encuentras con tu antigua némesis de la escuela secundaria pero te surge la dulzura y el sentimentalismo por el bien de los viejos tiempos. No creo que el feminismo sea responsable de la reevaluación de estas mujeres por parte del público. Lo atribuyo a la nostalgia.

Utilizar las ilusiones del pasado es una vieja táctica de *marketing* populista: una estratagema de campaña política además de una herramienta capitalista. En lo que respecta a la historia revisionista, podría decirse que el declinismo hace su trabajo más sucio durante las temporadas electorales, cuando los candidatos desdibujan las páginas más complejas de la historia para radicalizar a un público agitado y ganar sus votos. Los nacionalistas de extrema derecha son conocidos por rememorar la supuesta «Edad de Oro» de su país, mientras ocultan sus políticas xenófobas y excluyentes bajo la promesa de devolver a la nación su antigua gloria[160]. Durante mucho tiempo, el partido ultraconservador francés Agrupación Nacional ha idealizado la historia colonial de Francia y apoyado políticas que dan prioridad a los intereses de los ciudadanos franceses nativos frente a los inmigrantes y refugiados. El partido ultraderechista Alternativa para Alemania ha restado importancia a las atrocidades del régimen nazi, al tiempo que reclamaba políticas de inmigración más estrictas y avivaba el miedo y el resentimiento hacia los extranjeros. Durante el ascenso inicial de los nazis al poder, Hitler utilizó el lema «*Make Germany Great Again*» («Hagamos a Alemania grande de nuevo»), que nos resulta familiar no solo porque Donald Trump lo utilizó (y afirmó haberlo inventado), sino porque varios presidentes estadounidenses, entre ellos Ronald Reagan, George H. W. Bush y Bill Clinton, también invocaron el eslogan. Durante generaciones, los políticos han sacado provecho del relato que recrea al pasado de una nación como una época de prosperidad utópica y sostienen que solo ellos y su programa, brutal o no, trabajarán duro hasta restablecerla.

El mundo *sí* está empeorando en al menos un aspecto importante: la crisis climática, que eclipsa muchos otros asuntos que están mejorando, como el agua potable y la educación. No «centrarse en lo positivo» frente a un continuo desastre global tiene sentido instintivo. Pero incluso cuando los retos son objetivamente pequeños, como un jersey extraviado o un correo electrónico molesto de un compañero de trabajo, mantienen la capacidad de resultar igual de estresantes. Esto se debe en parte al *sesgo de negatividad*, la tendencia a dar más importancia a los acontecimientos desfavorables[161]. Interiorizamos el poder abrasador de la reprimenda con mucha más fuerza que el cálido resplandor del elogio. Es probable que una bofetada en la cara tenga un mayor impacto a corto plazo que un abrazo. El hecho de que cuando recibimos cientos de cumplidos auténticos solo registremos el caso aislado lleno de malicia puede tener una explicación adaptativa: un insulto en un prado de cumplidos es como una serpiente de cascabel en un campo de flores. Aprendimos a ignorar un prado de agradables magnolias para centrarnos en la serpiente mortal (aunque al final tan solo sea un palo) porque tenía ventajas para la supervivencia, y los hábitos evolutivos son difíciles de erradicar. Como estamos preparados para obsesionarnos con la negatividad del presente mientras ponemos una suave pátina sobre el pasado distante, aterrizamos de forma natural en el declinismo.

Esta creencia predice que cada generación seguirá convencida de que la vida se está volviendo cada vez peor. Muchísimo peor, sin duda alguna. Lo noto en el lenguaje. Desde la presidencia de Trump, he oído hablar del día del juicio final por todos lados, desde los foros de mensajes marginales hasta las conversaciones cotidianas. En mi comunidad de californianos acomodados, empezar una conversación con un «¿Cómo estás? Digo, más allá del mundo ardiendo y todo eso» es prácticamente de buena educación. *El mundo arde, todo apesta, parece el fin del mundo.* La hipérbole fatalista se ha puesto de moda. Yo también he invocado al armagedón en conversaciones informales, a pesar de que la tierra sigue bajo mis pies, y no me parece útil actuar como si no fuera así. Tengo que preguntarme si hay algún peligro en este embrutecimiento de nuestro vocabulario emocional. ¿Qué efecto tendrá que utilicemos esta retórica derrotista en exceso, quizá solo de forma irónica al principio, pero luego con tanta displicencia y frecuencia que un día olvidaremos que no es en serio, y seremos todos el niño que gritó que venía el apocalipsis? A veces parece que la gente *quiere* que llegue ya el fin del mundo, como los adictos que rezan para tocar fondo y saber que no se puede estar peor.

La actitud de creer que las cosas solían ser bonitas, ahora son una mierda y seguirán con tendencia a la baja puede contar con cierto prestigio apático neoliberal, pero corre el riesgo de volverse una profecía autocumplida. Estar de acuerdo en que el mundo está ardiendo y no hay nada que hacer significa que se habilitan los comportamientos que aviven la llama. En su libro de 2012 *Catastrophism* (*Catastrofismo*), Eddie Yuen escribió sobre la «fatiga catastrófica» en el contexto del activismo climático[162]. «La omnipresencia del apocalipsis en las últimas décadas ha llevado a una banalización del concepto: se ve como algo normal, esperado, en cierto sentido cómodo», afirma. Resulta muy oportuno y mordaz que la generalización de la distopía en todas partes, desde las series de televisión hasta las conversaciones triviales, se haya convertido en un chupete perverso, una excusa para la inercia, justo en el momento en que «los contornos de la crisis medioambiental multidimensional se están perfilando con nitidez». Ahora, dijo Yuen, para poder ser escuchados, los científicos y sus acciones planificadas tienen que «competir en este mercado de catástrofes». John Koenig podría categorizar la fatiga catastrófica como un «wytai», definido en *The Dictionary of Obscure Sorrows* (*El diccionario de las penas desconocidas*) como «una característica de la sociedad moderna que de repente te parece absurda y grotesca»».

En 2016, el economista y filósofo de Oxford Max Roser redactó un artículo para la plataforma *Vox* titulado «Pruebas de que la vida está mejorando para la humanidad, en cinco gráficos». Ahí escribió lo siguiente: «Los medios de comunicación… no prestan suficiente atención a los desarrollos lentos que remodelan nuestro mundo». La mayoría de la gente piensa que la pobreza en el mundo está aumentando, pero las encuestas muestran que lleva décadas disminuyendo de manera exponencial[163]. «Los periódicos podrían (y deberían) haber publicado este titular todos los días desde 1990…: "El número de personas en situación de pobreza extrema ha descendido en 130.000 desde ayer"», afirma Roser. Nunca ha habido una época mejor en cuanto a alfabetización o libertad civil, fertilidad o esperanza de vida. Mi madre jura que la cura del cáncer está a la vuelta de la esquina. Más personas que nunca pueden acceder a infinitos conocimientos en cuestión de segundos y, con la práctica, pueden incluso aspirar a recordar algunos. Pueden recibir bombones psicodélicos con psilocibina en la puerta de su casa a tiempo para su cita en el museo Getty. En referencia al movimiento feminista, en 2023 Maggie Nelson dijo llena de esperanza durante la gira de su libro: «¡Soy optimista! Así que demándadme». Citó a James Baldwin, que sesenta años antes había declarado: «No puedo ser pesimista porque estoy vivo. Ser pesimista significa que has aceptado que la vida humana es un asunto académico»[164].

No deja de maravillarme, sin embargo, que podamos examinar gráfico tras gráfico donde se demuestra que la vida es mucho mejor ahora que en el pasado y sigamos sintiendo en nuestro cuerpo animal que ocurre todo lo contrario. Parte de esta disonancia intuitiva puede deberse a la observación de Csikszentmihalyi de que, si bien la riqueza y la calidad de vida en general pueden estar mejorando, el nivel de felicidad, no. Si tomamos en cuenta la inflación, los ingresos medios de los hogares se duplicaron con creces en los EE. UU. entre los años cincuenta y 2020, pero a menos que alguien haya pasado de estar por debajo del umbral de la pobreza a estar por encima de él, su felicidad no varió necesariamente. «La falta de recursos básicos... contribuye a la infelicidad, pero el aumento de los recursos materiales no aumenta la felicidad», afirma Csikszentmihalyi.

La libertad, por el contrario, cuenta una historia diferente a la del dinero. Es difícil tener una sobredosis de libertad[165]. Por lo general, cuanto más se tiene, más feliz se es:* todo tipo de libertades, incluida la de expresión, pensamiento, autonomía corporal y, quiero creer, la libertad frente al consumismo. En su libro *Sedados. Cómo el capitalismo moderno creó la crisis de salud mental*, el antropólogo en medicina James Davies observó que cuando se desatienden las necesidades humanas básicas de seguridad, estabilidad económica, conexión afectiva, autenticidad y trabajo significativo, el materialismo suele ofrecerse como una solución rápida y engañosa: «un mecanismo de afrontamiento con aval cultural, en última instancia, resulta contraproducente»[166]. Tal vez nuestra nostalgia de tiempos «más sencillos» y

---

* En los Estados Unidos, los índices de felicidad aumentaron de manera gradual (aunque con retraso) entre las poblaciones marginadas después de que los movimientos de género y de derechos civiles les concedieran más libertades. En la actualidad, el grupo demográfico con la actitud más sombría es el de los hombres blancos no universitarios. Según Carol Graham, investigadora de Brookings y profesora de Políticas Públicas en la Universidad de Maryland College Park, los hombres blancos sin trabajo están «sobrerrepresentados en la crisis de muertes por desesperación» (suicidio, sobredosis de drogas, enfermedades hepáticas). Las dificultades económicas no explican esta desesperación; según los estudios, cuando las mujeres pierden su empleo, esto no tiene un efecto tan negativo en sus vidas.

menos consumistas nos ayude a generar la esperanza de un futuro más sencillo y menos consumista.

Las imágenes escaneadas del cerebro demuestran que cuando recordamos cosas agradables del pasado se iluminan las mismas regiones craneales que cuando soñamos con el futuro. No es de extrañar que me gusten tanto los dinosaurios, los objetos de estilo rural y las reuniones de Harry Potter. Quizá no debamos envidiar demasiado a los adultos fanáticos de Disney. Por muy lacrimógeno que sea, la nostalgia nos ayuda a tolerar el presente y estar abrigados y protegidos para lo que viene. Es la forma en que afrontamos lo que John Koenig llamó «avenoir», el deseo imposible de ver los recuerdos con antelación. «Damos por sentado que la vida avanza. Pero tú te mueves como se mueve un remero, mirando hacia atrás: puedes ver dónde has estado, pero no a dónde vas», escribió Koenig en *The Dictionary of Obscure Sorrows* (*El diccionario de las penas desconocidas*). «Tu barca está dirigida por una versión más joven de ti. Es difícil no preguntarse cómo sería la vida mirando hacia el otro lado».

A Casey le encanta la nostalgia. Como crecimos juntos, ese sentimiento siempre está zumbando ahí atrás, en algún lugar de nuestra relación. A veces levanto el tenedor o arrugo la nariz de cierta manera, y él estalla: «Eso que acabas de hacer es *tan* típico de la Mandy del instituto». También hay anemoia en la música de Casey. Puedo oírla en sus contornos melódicos, que incluso en el instituto tenían un aire onírico de los años cuarenta, mezclados con todas las texturas eclécticas que permite la creación musical digital, de modo que cada composición suena como una canción que conoció en una vida pasada, tocada con un instrumento del futuro. «La nostalgia es una poderosa herramienta creativa, porque se sitúa en la frontera entre lo real y lo imaginario. Te permite convertir acontecimientos de tu propia vida en fantasías», dice Casey. En su Spotify suena una canción de Ella Fitzgerald y él grita desde la otra habitación: «¡Nací en la época equivocada!». Hasta que la lista de reproducción le ofrece una canción de James Blake, luego Childish Gambino, John Mayer, Ariana Grande, Michael Bublé, y recapacita: «¡Retiro lo dicho!». Como esa luz nocturna LED en forma de seta, hay magia en cruzar visiones del pasado y el futuro de una forma que solo podría ser posible en este preciso momento.

Al final de cada entrevista que realicé para este libro, les planteé a mis fuentes una pregunta personal: si fuera posible viajar en el tiempo, ¿habría otro periodo que no fuera el presente en el que os gustaría vivir? Ni un solo terapeuta, historiador o economista conductual respondió de manera afirmativa.

«Incluso con todos los retos actuales, no sabría decirte qué otra época preferiría», dijo Linda Sanderville, una terapeuta de Washington D. C., especializada en el apoyo a mujeres de color. «No soy de las que dicen: "Oh, mira qué maravilloso es todo ahora", pero no hay más que ver la mortalidad de mujeres al dar a luz. Sigue siendo un problema importante en la comunidad materna negra —soy madre de dos niños pequeños, así que es muy importante para mí—, y 2022 nos enseñó lo inestables que siguen siendo los derechos de la mujer en general, pero el pasado era mucho peor en casi todos los sentidos».

«Sé que es difícil de creer», añadió el psicólogo del lenguaje David Ludden cuando hablamos a principios de 2022. «Tenemos una pandemia mundial en marcha, y no parece el mejor de los tiempos. Pero en realidad, lo es. Quiero decir, mira, tú estás en Los Ángeles y yo en la otra punta del país y, sin embargo, aquí estamos, hablando de estas ideas».

El año pasado, la activista por el clima y autora de *The Intersectional Environmentalist* (*El ecologista interseccional*) Leah Thomas me contó que en su campo se ha producido un cambio: se van alejando de las actitudes de puro desmantelamiento y acercándose a la «imaginación radical» [167]. En el pasado, dijo, siempre le resultaba fácil identificar a los opresores contra los que luchaba, pero si alguien le preguntaba por el futuro que estaba construyendo, no podía responder con tanta claridad. «Y eso me entristecía», confesó Thomas. «Así que he pasado más tiempo pensando en [el] futuro y en la alegría porque... la alegría es un motivador muy poderoso, cuando la vergüenza nunca puede motivarte de la misma manera».

Para explorar su lado imaginativo más radical, Sanderville se organiza para tener periodos frecuentes en los que no consume ningún medio de comunicación. Ni Internet, ni televisión, ni siquiera libros. «Es difícil consumir y crear en el mismo estado», me dijo. «Si valoras cualquier tipo de creatividad, y no me refiero solo al arte, dale a tu cerebro un descanso del consumo, porque eso te da espacio para procesar todo lo que has estado leyendo o viendo». Tenemos que generar este espacio de manera activa, añadió Sanderville, porque al ritmo actual de vida no aparecerá solo por casualidad. «Pregúntate: ¿cómo hago para reducir el tiempo de trabajo para sobrevivir y aumentar el tiempo dedicado a ser más creativo, más influyente? ¿Cómo puedo usar mi energía en las cosas que más me importan?».

Mi programa de televisión favorito de todos los tiempos para volver a ver en tono nostálgico es la serie de la HBO de principios de la década de 2000 *A dos metros bajo tierra*. Cuando tengo un ataque de angustia, me pongo uno o dos episodios de esta comedia dramática sobre una familia que tiene una funeraria y me siento como abrazada por un hada madrina macabra. Digamos que, si hubiera un parque temático de esta serie, yo tendría un pase anual. Metería a mi familia en la furgoneta para ir dos fines de semana al mes a montar en coches fúnebres y sorber batidos de fresa servidos en botellas recicladas de líquido para embalsamar. En cualquier caso, es probable que la serie se haya vuelto más famosa por su icónico final. Alerta de spoiler: el padre y el hijo mayor de la familia ya han muerto cuando la hija de veintidós años, aspirante a fotógrafa, decide mudarse a Nueva York para probar suerte en una nueva vida. Antes de partir, reúne a los demás miembros de la familia en el porche para guardar un último retrato para la posteridad, cuando el fantasma de su hermano aparece a su lado y le susurra: «No puedes fotografiar algo que ya ha acabado». Lo juro, cada vez que veo el final, esa frase significa algo diferente para mí.

He estado pensando que podría ser un comentario sobre la nostalgia del presente. Todavía nos falta un término para esa pena desconocida: un anhelo lastimero por lo que está sucediendo ahora, una esperanza vana de que nunca termine. Creo que necesitamos uno. Quizá inventar un término para describir ese sentimiento nos ayude a sentirlo más. Propongo «tempusur», una palabra compuesta del latín *tempus*, que significa «tiempo», y *susurrus*, que significa «susurro».

Tempusur: sust. Nostalgia evasiva del momento actual, tan preciosa por su carácter efímero que, en cuanto la descubres, ya se ha esfumado.

11

LA MAGIA DE CONVERTIRSE EN UN ARTESANO MEDIOCRE Y CAMBIAR TU VIDA

Una nota sobre el efecto IKEA

Una terapeuta que tenía puesto un gran collar de cuentas me dijo una vez por videoconferencia que, para atraer tu atención hacia el presente, tienes que hacer cosas con las manos. «Acuarela, trucos de cartas, cualquier pasatiempo manual», comentaba con los ojos entrecerrados con ternura a través de la pantalla de Zoom. Me estremecí ante la sugerencia, y me vino a la mente una frase de mi héroe local, John Waters: «El único insulto que he recibido en mi vida adulta fue cuando alguien me preguntó: "¿Tienes un hobby?". ¡¿UN HOBBY?! ¡¿OS PARECE QUE SOY UN MALDITO AFICIONADO?!». Quise burlarme, pero entonces recordé: a Nora Ephron le encantaba cocinar. Michelle Obama teje. Al parecer Greta Thunberg hace punto de cruz para relajarse entre las reuniones con presidentes para discutir sobre justicia climática. Nada de esto es por lo que son conocidas, pero es lo que les gusta. Lo que hacen con las manos. «Un hobby», le dije a la terapeuta. «Lo pensaré».

Por desgracia, creo que soy la peor artesana de todos los tiempos. Desde la infancia, mi capacidad para la pintura, para hacer trenzas o para fabricar pulseras de la amistad ha sido prácticamente inexistente. Reconozco que sigue siendo tabú que una mujer admita de manera pública su falta de domesticidad, o al menos poco favorecedor, similar a confesar que no te gustan los perros. Que conste que he hecho intentos sinceros de ser una «aficionada». Durante el *boom* artesanal en medio del aislamiento de 2020 conseguí cultivar un pequeño bosque de albahaca, aunque lo masacré en cuestión de días. Intenté crear velas, pero apestaban a flores funerarias. Cuando prendí una, me entró un dolor de cabeza tan fuerte que me pasé el resto de la tarde acostada de espaldas en la oscuridad con una pastilla de menta. Casey quiso ayudar. Me consiguió un kit de cerámica para principiantes y un telar. Nunca armé ninguno de los dos. Consternada por mi propia incompetencia, me obsesioné con una categoría de «influencers de la agricultura familiar», jóvenes celebridades de Internet que parecían poseer todas las habilidades manuales que yo no tenía. Me obsesioné en especial con una figura llamada Isabel, que producía vídeos semanales sobre su vida fuera de la red en los verdes bosques del estado de Washington. Con poco más de veinte años y el pelo rojizo hasta la cintura, Isabel construía su propia casa a mano mientras llevaba un vestido de verano y botas de trabajo, cultivaba y cocinaba sus propias cornucopias veganas, tejía mantas con lana que ella misma había hilado y viajaba a la ciudad para tener acceso a wi-fi una vez a la semana y subir el vídeo. La chica sabía manejar una rueca mejor de lo que yo entendía el control remoto del televisor. Estaba igual de encantada con ella que avergonzada de mí misma. Las artesanías parecían satisfacer a casi todo el mundo menos a mí. ¿Por qué era yo tan incapaz de sentir esta alegría humana tan básica?

Entonces, como si me hubiera enamorado tras toda una vida de soledad, descubrí el arte de renovar muebles.

Cuando hacía poco menos de un año que estábamos en cuarentena, mi mejor amiga Racheli y yo nos topamos con esta práctica en Internet. O, en realidad, tropezó con nosotras y nos lanzamos sobre ella. Algunas manualidades, como el bordado o la construcción de casas de muñecas, requieren un trabajo meticuloso, pero renovar muebles es una actividad de pinceladas rápidas y resultados llamativos, y la gratificación, instantánea. Perfecto para una diletante ansiosa. Un breve tutorial: empiezas comprando objetos de segunda mano (espejos, lámparas, sillas de diseño) por precios irrisorios en ventas de garaje o mercadillos. Puede que incluso encuentres candidatos viables en el fondo de tu armario. Vas formando un ojo para detectar abandono y potencial a la vez. Para elevar la belleza de tu mercancía, le das una mano de pintura o tan solo lo limpias y lo manipulas de tal manera que parezca algo que encontrarías nuevo por un precio diez veces superior. Hay técnicas más avanzadas que implican el uso de tapicería y herramientas eléctricas; evalúa tus capacidades en función de ello. Por último, haz con el producto final lo que quieras: quédatelo o véndelo. Dáselo de regalo a un amigo.

Todos los sábados, Racheli y yo recogíamos un lote de baratijas nuevas y nos lanzábamos a la tienda de artesanías, y dedicábamos todo el fin de semana a la «restauración» para llegar a tiempo a publicar los productos acabados en Facebook Marketplace el domingo por la noche. El objetivo no era el beneficio económico, y casi nunca teníamos ganancias, ya que en la mayoría de los casos apenas cubríamos los gastos, pero disfrutábamos del esfuerzo como si se tratara de una excursión de pesca deportiva.

De todos nuestros proyectos, mi favorito empezó como una lámpara de conchas marinas polvorienta de un color parecido al moco. Racheli y yo la encontramos por diez dólares en una tienda de segunda mano y decidimos arriesgarnos. La decoración al estilo del Miami de los años ochenta estaba disfrutando de un loco renacimiento, así que aprovechamos el momento para pintar la lámpara de un atroz color rosa como el chicle Hubba-Bubba. «Esta cosa es feísima. Me da vergüenza venderla», dijo Racheli. Antes de renovarla, la habíamos tasado mentalmente en veinte dólares, pero en cuanto pusimos nuestras sucias zarpas sobre ella, un fantasma primitivo se apoderó de nosotras. Cuando se secó la última capa de pintura rosa, pensamos que con el TikTok viral adecuado la lámpara podría venderse por cientos de dólares. Permitidme reiterar, este objeto era grotesco. Parecía el caracol mascota de Bob Esponja, Gary. Treinta minutos antes, lo veíamos con claridad. Ahora, estábamos publicándola en Internet por el precio promedio de una botella de champán Veuve Clicquot. Por un momento pensé que de verdad quería quedarme con la lámpara. Por un momento pensé que podría dejar atrás mi existencia sin Dios, mi sofisticación citadina, y mudarme a las montañas para dedicarme a las lámparas de conchas marinas a tiempo completo. Usaría caftanes con borlas y viviría en una yurta que también sería mi taller de artesanías. Haría chales de macramé. Haría cerámica. Tendría cabras. Por fin dominaría el telar. Invitaría a la influencer Isabel a vivir conmigo y pasaría la siguiente década siendo su aprendiz. Por un momento, aquella lámpara de conchas marinas proyectó una imagen clara de mi futuro pastoral. La esperanza se hinchó dentro de mí como un durazno maduro.

Nuestra lámpara se vendió por encima del precio de venta a un estudiante universitario de pelo brillante una hora después de su publicación. Pero no se trataba del dinero. Se trataba de ese sentimiento. Por fin comprendí lo que quiso decirme esa terapeuta. Nada satisface tanto el espíritu como construir algo uno mismo, o al menos ayudar a construirlo. Al mismo tiempo, nada había deformado mi percepción del «valor» con tanta eficacia. ¿Qué tiene de especial la mano humana?

La tendencia a atribuir un valor desproporcionado a los objetos que hemos ayudado a crear es un sesgo cognitivo, conocido como *efecto IKEA*[168]. Ese nombre encantador es un homenaje a la empresa sueca de muebles que fabrica productos a precios asequibles que requieren ensamblaje. Las largas noches luchando por ensamblar los baúles Malm y las sillas POÄNG, tirados en el suelo, son prácticamente un ritual de la mayoría de edad, un rito de iniciación contemporáneo tan significativo como la Rumspringa Amish. Cuando logres montar tu primera cajonera IKEA te decepcionará, pero sabrás por fin lo que significa coser un diminuto cuadrado de tela y ser parte de la gran colcha humana.

El efecto IKEA se documentó por primera vez en 2011, cuando un trío de investigadores de varias universidades prestigiosas de los EE. UU. demostró que las personas poseen el impulso intrínseco de inflar la valoración de los productos que ayudaron a construir[169]. En el experimento, dirigido por el científico conductual de Harvard Michael I. Norton, se invitó a los consumidores a construir juegos de Lego, plegar origami y montar cajas de IKEA. Aunque los participantes no mostraran ningún interés o placer por las manualidades, y aunque los resultados de sus esfuerzos fueran tan chapuceros como la lámpara de conchas que hice con Racheli, todos se hinchaban de satisfacción, siempre y cuando fueran testigos de todo el recorrido del proyecto hasta su terminación. Los sujetos de la investigación se mostraron dispuestos a pagar más por los productos que construían que por las versiones objetivamente superiores que llegaban prearmadas. «Los participantes concebían sus creaciones *amateurs*... como similares en valor a las creaciones de los expertos, y esperaban que los demás compartieran esa opinión», concluyen los autores. Gracias a mis días como mediocre revendedora de muebles, adentrarme en este estudio fue como mirarme en un espejo de feria que distorsiona la realidad.

El efecto IKEA se observó mucho antes de que llegara a describirse. Un ejemplo muy citado data de mediados del siglo xx, durante la edad de oro de la comida procesada. La anécdota cuenta que, en 1947, la empresa de alimentos General Mills lanzó una nueva línea de mezclas instantáneas para pasteles Betty Crocker, cuyo sabor era prácticamente idéntico al de los elaborados desde cero. El producto despegó al principio, pero las ventas se ralentizaron hasta casi detenerse. Con consternación, la General Mills solicitó el análisis de un psicólogo freudiano, que determinó que el descenso de las ventas se debía al sentimiento de culpa. Las amas de casa sentían que si lo único que hacían era añadir agua, el pastel no era en verdad una creación *suya*. No podían decir con orgullo a sus maridos e hijos que habían preparado el esponjoso pastel con sus propias manos. General Mills respondió con un inesperado giro comercial. Relanzaron las mezclas instantáneas con un nuevo eslogan: «Añade un huevo». Ahora, hornear era fácil, pero no *demasiado* fácil. Las ventas de Betty Crocker se dispararon.

Los detalles alrededor de la leyenda del huevo[170] son objeto de debate[171] (por ejemplo, es verdad que añadir huevos frescos no es solo una estratagema de *marketing*: es verdad que mejora el sabor del pastel instantáneo), pero el mensaje que deja sigue siendo el mismo: nos gustan más las cosas cuando hemos participado en su creación. Para quienes acuñaron el concepto de efecto IKEA, este hecho no se debe tan solo a la culpa, sino a algo más existencial. Se postuló que lo que en realidad disgustaba a los consumidores de Betty Crocker era cómo su insignificancia quedaba en evidencia de manera impactante. La nueva tecnología insinuaba que la comida casera de las madres, y por tanto las propias madres, eran innecesarias. A nadie le gusta «sentirse irrelevante», comentaron Norton y otros. La mezcla para tartas no requería técnicamente de ingredientes adicionales, trabajo o experiencia, pero el huevo satisfacía el deseo de los consumidores de «efecto», la noción espiritual satisfactoria de que hemos contribuido a que sucediera algo en el mundo. El huevo hacía que la gente se sintiera importante.

Desde la década de los cincuenta, la vida cotidiana solo se ha vuelto más automatizada, pero el anhelo innato por la presencia de las huellas de la mano no ha desaparecido. En teoría, el efecto IKEA es responsable de todo el renacimiento del «hazlo tú mismo» (DIY, por sus siglas en inglés: *do it yourself*). El término surgió por primera vez en el discurso de los consumidores a principios de la década de 1910, pero a mediados de siglo, cuando hornear tu propio pan y renovar tu propio sótano se convirtieron no solo en prácticas económicas, sino también en diversiones creativas, la frase entró en la conversación cotidiana. En la década de los setenta, la subcultura del «hazlo tú mismo» dio lugar a libros y fanzines autoeditados, intercambio de cintas mezcladas, prácticas de «reducir, reutilizar y reciclar» inspiradas en el floreciente movimiento ecologista y un sinfín de manualidades tejidas a ganchillo.

Con el lanzamiento de Pinterest en 2010, el «hazlo tú mismo» adquirió mayor relevancia. Los «trucos» domésticos pasaron de ser un pasatiempo ocasional a convertirse en un auténtico estilo de vida. Desde principios de los años ochenta, las empresas han aprovechado el efecto IKEA y ya no tratan a los clientes como meros receptores de valor, sino como socios en su creación. Pensemos en el colosal mercado de los kits de comida. Las empresas ofrecen una suscripción para recibir cenas que las arma el cliente mismo, como Blue Apron y Home Chef, e hipnotizan a profesionales ocupados que no tienen tiempo de cocinar pero que se sienten orgullosos de picar, saltear y guisar una nueva receta cada noche por casi el mismo precio que la comida para llevar (aunque sin la misma sensación). También está la industria del *crowdfunding*[172]. Los sitios como Kickstarter y GoFundMe han perdido millones de dólares de mini-«inversores» debido a productos que fallaron y nunca se lanzaron al mercado, pero la esperanza de ayudar a nacer un videojuego nuevo o un nanodron sigue siendo excitante y como consecuencia la industria se ha disparado hasta superar los 20.000 millones de dólares. Podría decirse que el efecto IKEA es el motor de la popularidad de Tik-Tok. La atmósfera interactiva de la plataforma, que incluye la función de «pegar», que permite tomar un fragmento de un vídeo existente y crear el tuyo propio a partir de él, y las secciones de comentarios muy participativas, alienta al público a convertirse en cocreador, productor y crítico. Los artistas convencionales también han permitido cada vez más que los mecenas den forma a su producción. En 2018, a instancias de un seguidor de Twitter, la banda Weezer lanzó una versión de «Africa» de Toto, que se convirtió en su primer sencillo de éxito y en el n.º 1 de *Billboard* en diez años. Inspiró todo un álbum de versiones de gran éxito que prácticamente relanzó la carrera del grupo. El disco recibió críticas dispares, pero la magia no estaba en la música, sino en la creación conjunta.

El mundo está cada vez más en manos de los usuarios. Esto no se debe a que los artistas y los empresarios se hayan quedado sin ideas, sino a que reconocen que las marcas son ahora «comunidades», y si los consumidores no sienten que las comunidades los ven y los apoyan, no se sienten importantes. Y no vuelven. Ese sentimiento de que estamos contribuyendo al mundo, echando una mano para cultivar nuestras verduras y crear nuestros videojuegos, es de suma importancia. Necesitamos el huevo alegórico. El huevo nos da un propósito. El huevo nos dice que merecemos estar aquí. Pero ¿qué ocurre cuando el huevo se vuelve tan obsoleto que ya ni siquiera podemos fingir que lo necesitamos?

En 2020 explotó en TikTok una frase que decía: «Cariño, no tengo un trabajo de ensueño. Mi sueño no es trabajar».* Ese momento se caracterizaba por un hastío generalizado. El término «languidez» había saltado a la luz en un artículo de Adam Grant en el *New York Times*, que le asignaba a una plaga cultural crónica un término de validación [173]. No estábamos progresando, así que la gente decidió criticar el valor del progreso en primer lugar. A partir del original surgió toda una categoría de memes virales. Entre mis favoritos se leía: «¡¡¡No quiero ser una mujer trabajadora!!! ¡¡¡¡Quiero ser una criaturita bebiendo de un arroyo!!!!».

En efecto, fusionar la autoestima con el empleo es uno de los trucos más malvados del capitalismo, pero las investigaciones revelan que tanto los humanos como las criaturitas junto a los arroyos aprecian (si no sueñan) una cierta cantidad de trabajo. En una encuesta realizada en 2009, los encuestados calificaron el trabajo como una de las actividades diarias menos placenteras, pero también como la más gratificante. Puede sonar a lavado de cerebro en pos de una productividad tóxica, pero existe una intuición similar en los no humanos: incluso las ratas y los estorninos prefieren fuentes de alimento que requieren esfuerzo para obtenerlas. Algunos trabajos son intrínsecamente más satisfactorios que otros: un análisis realizado en 2023 por la Oficina de Estadísticas Laborales sobre el empleo del tiempo en los EE. UU. concluyó que, de todas las profesiones, los más felices eran los leñadores, un tipo de trabajo que implica tanto el trabajo manual como el tan saludable aire libre (las más estresantes y menos gratificantes eran las finanzas, los seguros y, sobre todo, la abogacía) [174]. Los trabajos que o bien no conectan con alguna faceta natural del espíritu humano, o bien no producen ingresos

---

* Los orígenes de la cita no están verificados. Un escándalo tratándose de TikTok, ¡lo sé!

que permitan vivir, son igual de «gratificantes» que la tarea de una rata de laboratorio que se esfuerza dentro de un laberinto de paredes grises y solo recibe media migaja.

Al igual que la falacia del costo hundido, el efecto IKEA es en el fondo otro sesgo de justificación del esfuerzo. Nos encanta defender nuestras decisiones más caras, más irreversibles y que requieren más tiempo. La irónica relación que existe entre lo arduo o permanente de una tarea y nuestro afán por racionalizarla es la razón por la que, cuando nos enfrentamos a una decisión difícil —como estudiar un posgrado o tener otro hijo—, los psicólogos nos advierten que no pidamos consejo a alguien que lo haya hecho. Si una persona sufre un dolor involuntario en su camino hacia el éxito (por ejemplo, si se corta con un papel mientras hace origami o se ve obligada a cumplir una condena en la cárcel), eso no hará que aprecie más el resultado final. Pero si soportan de manera voluntaria el sufrimiento (si optan por cortarse con el papel o celebrar una boda por el valor del anticipo para una hipoteca), esa grulla de papel empezará a parecer de porcelana.

El efecto IKEA no es pura fantasía. La conexión social que fomenta es real, sobre todo cuando el producto final es tangible. Por mucho que la automatización y la especialización hayan beneficiado a la sociedad, corren el riesgo de limitar nuestro compromiso social. Los proyectos de «hazlo tú mismo» ofrecen la posibilidad de una interacción más holística y comunitaria. Renovar muebles con Racheli era una fiesta, aunque nos salieran mal, porque lo hacíamos juntas. Y aún más adorable es lo que el estudio de Norton descubrió: tras completar sus estructuras de origami o de Lego, los participantes expresaron su deseo de enseñárselas a sus amigos. No hace falta ser psicólogo para intuir que compartir un objeto que has hecho tú mismo genera mucho más placer que mostrar algo que has comprado o que técnicamente pertenece a una gran empresa. Esto es incluso más real cuando la creación no ha salido como estaba previsto.

Para mi trigésimo cumpleaños, me autorregalé mi primer escritorio y mi primera silla para trabajar desde casa (de FaceBook Marketplace, claro). La silla, que elegí por su elegante estructura giratoria de acero y madera de haya, no tenía un asiento muy cómodo para mi trasero, pero como estaba entusiasmada con mi nuevo equipo y envalentonada por mi nueva habilidad para cambiar muebles, decidí probar a hacerme un cojín para el asiento. Compré una aguja, hilo y un metro de tela de gamuza de imitación en un tono verde pavo real. Luego, reutilizando las entrañas de un juguete de perro abandonado, suturé un cojín del tamaño y la forma de una pizza individual. Este cojín es el objeto más común y corriente de mi casa. Pero para mí es una obra maestra. Es la unión de todos los pasteles instantáneos multicolores del mundo. Es mi Capilla Sixtina. Se lo muestro a todo el mundo. Cuando vienen amigos y familiares de visita, los conduzco a mi elegante despacho como si estuviera a punto de descubrir una escultura cincelada en mármol, y cuando con mucha alegría levanto de mi silla el disco aplastado, me sonríen como quien no tiene especial cariño por los niños, pero de igual manera le sigue la corriente a la sobrina que actúa su «obra» en la sala de la casa. Me doy cuenta de lo que pasa. Pero no me importa. Estoy más orgullosa de mi cojín que de este libro. Estaba muy ansiosa, casi echaba espuma por la boca con ganas de contarles sobre mi logro. De hecho, estoy sentada sobre el cojín *ahora mismo.* *

Los cojines de asiento y las lámparas de conchas marinas no son los objetos más caros del mundo, pero el efecto IKEA también se puede observar en el rango de precios más altos. El

---

* Las agujas y la tela hacen maravillas por el espíritu[175]. Un estudio publicado en el *British Journal of Occupational Therapy* (*Revista británica de terapia ocupacional*) encuestó a más de 3500 tejedores y descubrió que el 81 % de los participantes con depresión afirmaron sentirse felices después de tejer. Más del 50 % dijo sentirse «muy feliz».

estudio de Norton señaló que los propietarios sienten orgullo por las mejoras que hacen en sus casas —pasillos un poco torcidos, chimeneas construidas de forma descuidada— y creen que la casa se verá más atractiva a los ojos de sus amigos y posibles compradores, incluso cuando sucede justo lo contrario. Casi todos los días miro anuncios de casas con precios excesivos en el sitio de bienes raíces Zillow y he visto reformas personalizadas *kitsch:* barras tiki montadas por los dueños, un horno de pizza *amateur* con forma de hipopótamo. Siento lástima por los agentes inmobiliarios que optaron por ocultarles a los propietarios que estas creaciones extravagantes no les aportaban las ventajas que ellos creían. (Aunque el cojín de mi asiento sí). Puede que estas imperfecciones no estén diseñadas para obtener beneficios, pero nos hacen estremecernos, reír, y nos invitan a iniciar conversaciones. Los defectos dan vida a las cosas.

Algunos sostienen que un día no muy lejano el arte generado por IA superará tanto las capacidades de los humanos que ningún huevo podrá compensar nuestra impertinencia[176]. En 2018, una de las primeras pinturas de IA que se vendió en una subasta alcanzó los 432.500 dólares. En la parte inferior derecha del lienzo, la firma rezaba *min G max D x [log (D(x))] + z [log (1 -D (G(z)))]*, parte del código que lo produjo. Titulada *Edmond de Belamy*, la imagen representa a un corpulento caballero francés con abrigo negro y cuello blanco; el estilo de la pintura es frenético, distorsionado, *casi* impresionista del siglo XIX, pero con algo que no encaja. Al girar la cabeza hacia la derecha, el retrato se parece al «*Ecce Homo* de Borja*», una restauración mal hecha de un fresco cristiano de los años treinta que tenía un parecido tan ridículo con un simio que se hizo viral a finales de 2010, y generó su propio culto irónico[177]. En la actualidad, miles de turistas acuden en masa a la pequeña ciudad de España donde se exhibe el *Ecce Homo* y se deleitan con su desaliñado esplendor.

Es difícil imaginar que los humanos se congreguen en torno a un retrato hecho por la IA con el mismo entusiasmo que ante el «*Ecce Homo* de Borja». Puede que *Edmond de Belamy* valiera medio millón de dólares para un coleccionista de arte de Beverly Hills, pero sigo sin estar convencida de que una obra de arte generada por un robot pueda emitir el *je ne sais quoi* necesario para atraer a los peregrinos. A pesar de su sofisticación, una máquina no puede reírse de lo absurdo que resulta coser un cojín de asiento defectuoso y enseñárselo a sus amigos. Ese tipo de descaro es una broma interna que solo comparten los humanos.

En 2019, un fan del músico australiano Nick Cave escribió en su blog y le hizo esta pregunta: «Considerando que la imaginación humana es el último recodo de naturaleza salvaje, ¿crees que la inteligencia artificial será alguna vez capaz de escribir una buena canción?»[178]. Y con «buena» se refería a algo más que una canción hecha con una habilidad técnica impresionante. Cave se mostró dubitativo. «Lo que nos hace sentir una gran canción es una sensación de asombro», respondió. Otra vez la noción de asombro, que para Cave tiene la característica de estar «basada casi de forma exclusiva en nuestras limitaciones… Está totalmente relacionado con nuestra audacia como humanos para ir más allá de nuestro potencial». En los parámetros de Cave, por muy impresionante que sea la creatividad poshumana, «sencillamente no tiene esa capacidad. ¿Cómo podría tenerla?».

¿Cómo podría tenerla? La pregunta me obsesionaba. Una mañana de principios de 2023, Casey y yo cavilábamos acerca de la respuesta mientras volvíamos a casa desde nuestra cafetería favorita de Los Ángeles, cuyos cortados con hielo son de una belleza inconmensurable. Casey es compositor de música para cine, por lo que la creación musical le interesa tanto desde el punto de vista material como existencial. Mientras avanzábamos en dirección al este, y un haz de luz solar de un amarillo color caléndula desgarraba nuestro parabrisas, buscábamos razones por las que una máquina nunca podría replicar el conmovedor toque humano, solo para darnos cuenta con tristeza de que quizá esas razones no existan. No es difícil imaginar a la IA intentando aproximarse a la textura de nuestra audacia, o inventando la suya propia lo bastante bien como para inspirar asombro. Cuando Casey y yo entramos en el garaje, una película de melancolía nos cubría como una sábana. «Ahora siento que todo lo que hago me parece insignificante», comentó en un suspiro.

Permanecimos un rato en el estacionamiento; Casey miraba la condensación de su café. Para nosotros, este tipo de nihilismo de la era digital es inevitable, pero lo tratamos como una jarra de agua pesada. Cuando uno de nosotros está demasiado cansado para cargar con ella, el otro toma el relevo. Entonces, la tarea del compañero sin carga es distraer al otro, recordándole que la vida también puede ser ligera. Así que le dije a Casey que un robot podría componer el concierto más encantador de todos los tiempos, y nunca sería tan valioso para mí como los valses nocturnos que improvisa en nuestro piano vertical Wurlitzer por el mero hecho de que es él quien los hace. Sienta bien pintar una vieja lámpara de conchas marinas a solas. Pero sienta mucho mejor hacerlo junto con un testigo cariñoso.

Puede ser que ponernos a competir con la tecnología ni siquiera sea la línea de cuestionamiento más funcional a seguir de todos modos. En 2014, la cantante Claire L. Evans utilizó la frase «miopía casi exquisita» para describir nuestros juicios sobre la capacidad de la IA para «hacerse pasar» por músicos humanos[179]. Nuestros autos no «se hacen pasar» por caballos, pero hacen un excelente trabajo llevándonos de un lado a otro. El sitio web de sinónimos y antónimos PowerThesaurus.com no «se hace pasar» por mi cerebro, pero lo he utilizado con mucha alegría mientras escribía este libro. Si combinas la tecnología hiperavanzada con la inventiva visceral de los humanos, obtendrás hechicería. La mejor mezcla instantánea del mundo no puede escribir con glaseado fosforescente un chiste interno absurdo como decoración de tu tarta, pero con todo el tiempo que te has ahorrado por no tener que hornearla puedes tener tu tarta y comerla también.*

Los meses de invierno en que empecé el segundo borrador de este libro, me quedé sola en casa durante una semana con COVID y decidí pasar el tiempo probando los límites emocionales de ChatGPT. En nuestro intercambio más notable, le pregunté al chatbot cuáles eran, en su opinión, los puntos fuertes de los humanos frente a los de la inteligencia artificial. Me respondió que la mejor carta de la IA es la razón, mientras que la de los humanos es el amor. La respuesta me pareció conmovedora, aunque no estoy convencida de que sea cierta. ¿Quién dice que tenemos que elegir?

Quizá siempre sentiremos que estamos al borde de perder el contacto con nuestro yo primigenio, como si en cualquier segundo el huevo pudiera desaparecer para siempre a la vuelta de la esquina. Quizá deberíamos acostumbrarnos a existir en ese estado. Sospecho que ya llevamos ahí un buen tiempo. En 1962, Sylvia Plath propuso una crítica a la actitud excepcionalista de que la sociedad había alcanzado, justo entonces, un punto de inhumanidad sin precedentes. En un breve ensayo titulado «Contexto», Plath cuestionaba lo que ella llamaba «poesía de titulares», es decir, la elección de hacer referencia a los principales conflictos políticos de la época (Hiroshima, la Guerra Fría) de forma tan directa y sensacionalista en los poemas, como si la mitad del siglo XX fuera a pasar a la historia como la época más preocupante y debiera ser inmortalizada como tal[180]. Desafiaba a los lectores a ampliar sus miras. «Para mí», afirmaba, «los auténticos asuntos de

---

* en inglés existe la expresión «you can have your cake and eat it too» («puedes tener tu pastel y comértelo también»), que quiere decir obtener lo mejor de dos mundos. En español sería similar a «tener la chancha y los veinte... y la máquina de hacer chorizos» *(N. de la T.).*

nuestra época son los asuntos de todas las épocas: el dolor y la maravilla de amar; hacer, en todas sus formas —niños, panes, cuadros, edificios—; y la conservación de la vida de todos los pueblos en todos los lugares, cuya puesta en peligro no puede disculpar un doble lenguaje abstracto con "paz" y "enemigos implacables"». Quizá no sea casualidad que Plath escribiera este ensayo el mismo año en que empezó a criar abejas, un oficio que inspiró muchos de sus poemas más emblemáticos. Amor, supervivencia, creación manual. La tecnología cambia más rápido que la esperanza de vida de una abeja, pero nosotros somos la colmena.

AGRADECIMIENTOS

Gracias a mi editora, Julia Cheiffetz. No sabes lo que ha significado tu dedicación y tu fe en mí. Gracias por tumbarte conmigo en el suelo de tu despacho, empujarme a estar a la altura de las circunstancias con este libro y untarme las muñecas con aceite de menta cuando todo era demasiado. Me siento muy afortunada de haber contado con tu aguda mirada y con tu confianza. Yo soy la abeja; tú eres la colmena.

Gracias como siempre a Rachel Vogel, la mejor agente literaria del mundo. Eres la luna de mi círculo de manifestación, el ovni de mi extraterrestre. Gracias a ti, no he perdido la cabeza del todo.

Gracias a Abby Mohr por las cuidadosas lecturas y los meticulosos comentarios. A Haley Hamilton por tu inestimable ayuda en la investigación. A James Iacobelli y Laywan Kwan por la genial portada.

Gracias a mis brillantes amigos, en especial a aquellos cuyos cerebros escarbé buscando información para este libro: Koa Beck, Tori Hill, Amanda Kohr, Sheila Marikar, Adison Marshall, Coco Mellors, Kristin Mortensen, Racheli Peltier, Will Plunkett, Rachel Torres y Alisson Wood. Mi gratitud también a Olivia Blaustein, Nicholas Ciani, Katie Epperson, Morgan Hoit, Carly Hugo, Ally McGivney, Nora McInerny, Jordan Moore, Matt Parker, Jacy Schleier, Ashley Silver y Drew Welborn.

Gracias a los encantadores lectores que han conectado conmigo en línea a lo largo de los años. Incluso en el extraño plano de Instagram, puedo sentir vuestro entusiasmo y aliento, y os estoy muy agradecida.

Gracias a los brillantes académicos que han compartido con generosidad sus conocimientos conmigo para este proyecto, en especial a Minaa B., Dena DiNardo, Ramani Durvasula, Eleanor Janega, Sekoul Krastev, David Ludden, Frank McAndrew, Moiya McTier, Tom Mould y Linda Sanderville.

Gracias a mis ayudantes no humanos, mis queridos hijos peludos, Claire, Fiddle y Teddy Roo. Y a mis queridos ángeles fallecidos, David y Arthur Moon, que estaban hechos de pura magia.

Gracias a mi madre, Denise, a mi padre, Craig, y a mi hermano, Brandon, por inculcarme la mejor mezcla posible de *logos* y *pathos*. Gracias por dejarme incluiros como personajes en mi obra, aunque sea imposible haceros justicia. Os admiro tanto como a los dinosaurios, siempre.

Gracias al amor de mi vida, Casey Kolb, el compositor de la banda sonora de mi vida y eterno protagonista. Escribí este libro para ti. Si no te encanta, por favor, miente como el marido en la película de Julia Louis-Dreyfus.

Este es el libro que siempre soñé escribir. Perdonad el dramatismo, pero el hecho de haberlo conseguido me hace sentir que puedo morir feliz. Gracias a todos por leerlo.

NOTAS

Darle sentido al sinsentido

1. Higgins, Edmund S. (1 de enero, 2017), «Is Mental Health Declining in the U.S.?» (¿Está empeorando la salud mental en los EE. UU.?), en *Scientific American*, <https://www.scientificamerican.com/article/is-mental-health-declining-in-the-u-s/>.

2. «Youth Risk Behavior Survey Data Summary & Trends Report: 2011-2021», Centros para el Control y la Prevención de Enfermedades. Consultado el 21 de septiembre de 2023. <https://www.cdc.gov/healthyyouth/data/yrbs/index.htm>.

3. NAMI (2 de mayo de 2022), «Coming "Together for Mental Health" Is NAMI's Urgent Appeal During May's Mental Health Awareness Month» («"Juntos por la salud mental" es el llamamiento urgente de NAMI durante el mes de mayo, Mes de la Concienciación sobre la Salud Mental»), en NAMI, <https://www.nami.org/press-releases/coming-together-for-mental-health-is-namis-urgent-appeal-during-mays-mental-health-awareness-month/>.

4. Burke, Edmund (1976), «Frantz Fanon's The Wretched of the Earth», *Daedalus 105, n.º 1*: 127–135. <http://www.jstor.org/stable/20024388>.

5. Bruckmaier, Georg; Krauss, Stefan; Binder, Binder; Hilbert, Sven y Brunner, Martin (2021), «Tversky and Kahneman's Cognitive Illusions: Who Can Solve Them, and Why?» (Las ilusiones cognitivas de Tversky y Kahneman: ¿Quién puede solucionarlas

y cómo?), en *Frontiers in Psychology* 12. <https://doi.org/10.3389/fpsyg.2021.584689>.

6. «Jess Grose». Perfil de la plataforma X, antes llamada Twitter. Consultado el 21 de septiembre de 2023. <https://twitter.com/JessGrose>.

7. Powell, Kevin y hooks, bell (24 de febrero, 2014), «The BK Nation Interview with bell hooks» (La entrevista de BK Nation a bell hooks), en *Other*, <https://web.archive.org/web/20140624015000/https:/bknation.org/2014/02/bk-nation-interview-bell-hooks/>.

1. ¿Eres mi madre, Taylor Swift?

8. Nakanish, Miharu y otros (19 de septiembre, 2019), «The Association Between Role Model Presence and Self-Regulation in Early Adolescence: A Cross-Sectional Study» (La asociación entre la presencia de un modelo de conducta y la autorregulación en la adolescencia temprana: un estudio transversal), en *PLOS One* 14, n.º 9. <https://doi.org/10.1371/journal.pone.0222752>.

9. McCutcheon, Lynn y Aruguete, Mara S. (abril de 2021), «Is Celebrity Worship Increasing Over Time?» (¿Aumenta con el tiempo el culto a los famosos?), en *Journal of Social Sciences and Humanities* 7, n.º 1: 66-75.

10. (20 de abril de 2020), «When Did We Start Taking Famous People Seriously?» (¿Cuándo empezamos a tomarnos en serio a los famosos?), en *New York Times*. <https://www.nytimes.com/2020/04/20/parenting/celebrity-activism-politics.html>.

11. (6 de junio, 2022), «Public Trust in Government: 1958-2022» (Confianza pública en el gobierno: 1958-2022), en Pew Research Center. <https://www.pewresearch.org/politics/2022/06/06/public-trust-in-government-1958-2022/>.

12. Madden, Sidney; Thompson, Stephen; Powers, Ann y Bote, Joshua (17 de octubre de 2019), «The 2010s: Social Media and the Birth of Stan Culture» (La década de 2010: Las redes sociales y el nacimiento de la cultura Stan), en NPR. <https://www.npr.org/2019/10/07/767903704/the-2010s-social-media-and-the-birth-of-stan-culture>.

13. Colin-Thome, Danielle (24 de julio, 2018), «Fan Culture Can Be Wildly Empowering-And At Times, Wildly Problematic» (La cultura de los fanes puede ser muy poderosa y, a veces, muy problemática), en *Bustle*. <https://www.bustle.com/p/fan-culture-can-be-wildly-empowering-at-times-wildly-problematic-9836745>.

14. Sansone, Randy A. y Sansone, Lori A. (2014), «"I'm Your Number One Fan" –A Clinical Look at Celebrity Worship» («Soy tu fan número uno»: una mirada clínica a la adoración de los famosos), en *Innovations in Clinical Neuroscience* 11, n.º 1-2: 39-43.

15. Sheridan, Lorraine; C. North, Adrian; Maltby, John y Gillett, Raphael (2007), «Celebrity Worship, Addiction and Criminality» (Adoración de los famosos, adicción y criminalidad), en *Psychology, Crime & Law* 13, n.º 6: 559-571. https://doi.org/10.1080/10683160601160653.

16. (18 de octubre, 2022), «The Cult of Taylor Swift», en *Sounds Like a Cult*. <https://open.spotify.com/episode/5yMUPSoX46ArU PYJNNx4nm>.

17. Gutowitz, Jill (23 de agosto, 2019), «What Is Every Song on Taylor Swift's Lover Actually About?» (¿De qué tratan realmente todas las canciones en *Lover* de Taylor Swift?), en *Vulture*. <https://www.vulture.com/2019/08/taylor-swifts-lover-album-meaning-and-analysis.html>.

18. McCutcheon, Lynn (junio de 2006), «Exploring the link between attachment and the inclination to obsess about or stalk celebrities» (La exploración del vínculo entre el apego y la inclinación a obsesionarse o acechar a los famosos), en *North*

American Journal of Psychology- <https://www.researchgate.net/ publication/286333358_Exploring_the_link_between_ attachment_and_the_inclination_to_obsess_about_or_stalk_ celebrities>.

19. Cheung, Chau-kiu y Dong Yue, Xiao (2012), «Idol Worship as Compensation for Parental Absence» (El culto a los ídolos como compensación por la ausencia de los padres), en *International Journal of Adolescence and Youth 17*, n.º 1: 35-46. <https://doi.org/1 0.1080/02673843.2011.649399>.

20. Zsila, Ágnes y Demetrovics, Zsolt (2020), «Psychology of celebrity worship: A literature review» (Psicología del culto a los famosos: una revisión bibliográfica), en *Psychiatria Hungarica.* <https://pubmed.ncbi.nlm.nih.gov/32643621/>.

21. He, Yiqing y Sun, Ying (16 de diciembre de 2022), «Breaking up with my idol: A qualitative study of the psychological adaptation process of renouncing fanship» (Romper con mi ídolo: un estudio cualitativo del proceso de adaptación psicológica de la renuncia a la afición), en *Frontiers in Psychology.* <https://www.ncbi. nlm.nih.gov/pmc/articles/PMC9803266/>.

22. Epstein, Mark (2017), *El trauma de la vida cotidiana*, Ediciones La Llave, Barcelona.

23. Petrusich, Amanda (12 de junio de 2023), «The Startling Intimacy of Taylor Swift's Eras Tour» (La sorprendente intimidad de la gira Eras de Taylor Swift), en *The New Yorker.* <https://www. newyorker.com/magazine/2023/06/19/taylor-swift-eras-tour- review>.

24. Cheung, Chau-kiu y Dong Yue, Xiao (2003), «Identity Achievement and Idol Worship Among Teenagers in Hong Kong» (Consolidación de la identidad y culto a los ídolos entre los adolescentes de Hong Kong), en *International Journal of Adolescence and Youth 11*, n.º 1: 1-26. <https://doi.org/10.1080/02673843.200 3.9747914>.

25. Maddeaux, Sabrina (11 de octubre de 2016), «How the Urge to Dehumanize Celebrities Takes a Dark Turn When They Become Victims-Not Just of Lip Injections» (El afán de deshumanizar a los famosos toma un cariz oscuro cuando se convierten en víctimas, no solo de las inyecciones labiales), en *National Post*. <https://nationalpost.com/entertainment/celebrity/how-the-urge-to-dehumanize-celebrities-takes-a-dark-turn-when-they-become-victims-not-just-of-lip-injections>.

26. Richards, Jared (30 de octubre, 2019), «Charli XCX's Queer Male Fans Need to Do Better» (Los fans masculinos *queer* de Charli XCX tienen que portarse mejor), en *Junkee*. <https://junkee.com/charli-xcx-poppers-douche-queer-gay-fans/226620>.

27. Winnicott, D. W. (2009), *El niño y el mundo externo*, Horme-Paidos, Buenos Aires.

28. Naumburg, Carla (2018), «The Gift of the Good enough mother» (El don de la madre suficientemente buena), en *Seleni*. Consultado el 21 de septiembre de 2023. <https://www.seleni.org/advice-support/2018/3/14/the-gift-of-the-good-enough-mother>.

29. Ehrlich, Brenna (28 de diciembre de 2022), «2022 Was the Year of the Cannibal: What Does That Say About Us?» (2022 fue el año del caníbal. ¿Qué dice esto sobre nosotros?), en *Rolling Stone*. <https://www.rollingstone.com/tv-movies/tv-movie-features/cannibal-2022-dahmer-yellowjackets-fresh-bones-and-all-timothee-chalamet-tv-movies-1234647553/>.

2. Juro que lo manifesté

30. Pasquini, Giancarlo y Keeter, Scott (12 de diciembre de 2022), «At Least Four-in-Ten U.S. Adults Have Faced High Levels of Psychological Distress During COVID-19 Pandemic» (Al menos cuatro de cada diez adultos estadounidenses se han enfrentado a altos niveles de angustia psicológica durante la pandemia de COVID-19), en Pew Research Center. <https://www.pewresearch.

org/short-reads/2022/12/12/at-least-four-in-ten-u-s-adults-have-faced-high-levels-of-psychological-distress-during-covid-19-pandemic/>.

31. Caron, Christina (29 de octubre de 2022), «Teens Turn to TikTok in Search of a Mental Health Diagnosis» (Los adolescentes recurren a TikTok en busca de un diagnóstico de salud mental), en *New York Times*. <https://www.nytimes.com/2022/10/29/well/mind/tiktok-mental-illness-diagnosis.html>.

32. Schaeffer, Katherine (24 de julio de 2020), «A Look at the Americans Who Believe There Is Some Truth to the Conspiracy Theory That COVID-19 Was Planned» (Un análisis de los estadounidenses que creen que hay algo de verdad en la teoría conspirativa de que COVID-19 fue planeado), en Pew Research Center. <https://www.pewresearch.org/short-reads/2020/07/24/a-look-at-the-americans-who-believe-there-is-some-truth-to-the-conspiracy-theory-that-covid-19-was-planned/>.

33. Meltzer, Marisa (29 de marzo de 2021), «QAnon's Unexpected Roots in New Age Spirituality» (Las inesperadas raíces de QAnon en la espiritualidad de la Nueva Era), en *Washington Post*. <https://www.washingtonpost.com/magazine/2021/03/29/qanon-new-age-spirituality/>.

34. Douglas, Karen M.; Sutton, Robbie M. y Cichocka, Aleksandra (abril de 2019), «Belief in Conspiracy Theories: Looking Beyond Gullibility» (Creer en teorías conspirativas: más allá de la candidez), en *The Social Psychology of Gullibility*, 61-76. <https://doi.org/10.4324/9780429203787-4>.

35. Singh-Kurtz, Sangeeta (25 de abril de 2023), «I Tried Peoplehood, "a Workout for Your Relationships"» (Probé Peoplehood, «un entrenamiento para tus relaciones»), en *The Cut*. <https://www.thecut.com/article/peoplehood-soulcycle.html>.

36. Truesdale, Rose (20 de abril de 2021), «The Manifestation Business Moves Past Positive Thinking and Into Science» (El

negocio de la manifestación va más allá del pensamiento positivo y se adentra en la ciencia), en *Vice*. <https://www.vice.com/en/article/3aq8ej/to-be-magnetic-manifestation-business-moves-past-positive-thinking-and-into-science>.

37. Bond, Shannon (14 de mayo de 2021), «Just 12 People Are Behind Most Vaccine Hoaxes on Social Media, Research Shows» (Solo 12 personas están detrás de la mayoría de las mentiras sobre vacunas en las redes sociales, según una investigación), en NPR. <https://www.npr.org/2021/05/13/996570855/disinformation-dozen-test-facebooks-twitters-ability-to-curb-vaccine-hoaxes>.

38. Comisión Federal de Comercio (11 de mayo de 2022), «FTC Takes Action Against Lions Not Sheep and Owner for Slapping Bogus Made in USA Labels on Clothing Imported from China» (La FTC emprende acciones contra Lions Not Sheep y su propietario por colocar falsas etiquetas *«Made in USA»* en ropa importada de China), en ftc.gov. <https://www.ftc.gov/news-events/news/press-releases/2022/05/ftc-takes-action-against-lions-not-sheep-owner-slapping-bogus-made-usa-labels-clothing-imported>.

39. Dizikes, Peter (8 de marzo de 2018), «Study: On Twitter, False News Travels Faster Than True Stories» (Estudio: en Twitter, las noticias falsas viajan más rápido que las verdaderas), en *MIT News*, Massachusetts Institute of Technology. <https://news.mit.edu/2018/study-twitter-false-news-travels-faster-true-stories-0308>.

40. Fox, Maggie (9 de marzo de 2018), «Fake News: Lies Spread Faster on Social Media Than Truth Does» (Noticias falsas: las mentiras se difunden más rápido en las redes sociales que la verdad), en NBCNews.com. <https://www.nbcnews.com/health/health-news/fake-news-lies-spread-faster-social-media-truth-does-n854896>.

41. Naz Khan, Farah (6 de septiembre de 2017), «Beware of Social Media Celebrity Doctors» (Cuidado con los médicos famosos de las redes sociales), en *Scientific American Blog Network*. <https://blogs.

scientificamerican.com/observations/beware-of-social-media-celebrity-doctors/>.

42. Pietrangelo, Ann (17 de diciembre de 2019), «What the Baader-Meinhof Phenomenon Is and Why You May See It Again… and Again», (Qué es el fenómeno Baader-Meinhof y por qué es posible que se repita una y otra vez), en *Healthline*. <https://www.healthline.com/health/baader-meinhof-phenomenon>.

43. Maté, Gabor (2023), *El mito de la normalidad*, Tendencias, Barcelona.

3. Una relación tóxica es una secta de una sola persona

44. Solnit, Rebecca (2013), *The Faraway Nearby*, Viking, Nueva York.

45. «Why Are We Likely to Continue with an Investment Even if It Would Be Rational to Give It Up?» (¿Por qué es probable que sigamos con una inversión, aunque lo racional sería abandonarla?), en *The Decision Lab*. Consultado el 21 de agosto de 2023. <https://thedecisionlab.com/biases/the-sunk-cost-fallacy>.

46. Didion, Joan (2015), *El año del pensamiento mágico*, Random House, Barcelona.

47. Doody, Ryan (2019), «The Sunk Cost "Fallacy" Is Not a Fallacy» (La «falacia» del costo hundido no es una falacia), en *Ergo, an Open Access Journal of Philosophy*. <https://quod.lib.umich.edu/e/ergo/12405314.0006.040/--sunk-cost-fallacy-is-not-a-fallacy?rgn=main%3Bview>.

48. Sifferlin, Alexandra (6 de agosto de 2014), «Our Brains Immediately Judge People» (Nuestros cerebros enseguida juzgan a la gente), en *Time*. <https://time.com/3083667/brain-trustworthiness/>.

49. Converse, Benjamin A.; Adams, Gabrielle S.; Hales, Andrew H. y Klotz, Leidy E. (16 de abril de 2021), «We Instinctively Add on New Features and Fixes. Why Don't We Subtract Instead?» (Instintivamente añadimos nuevas funciones y arreglos. ¿Por qué no restamos?), en Frank Batten School of Leadership and Public Policy, Universidad de Virginia. <https://batten.virginia.edu/about/news/we-instintively-add-new-features-and-fixes-why-dont-we-subtract-instead>.

50. Nesenoff, Adam (7 de julio de 2020), «What Is Emotional Abuse?» (¿Qué es el abuso emocional?), en *Tikvah Lake*. <https://www.tikvahlake.com/blog/what-is-emotional-abuse/#:~:text=Emotional%20abuse%20occurs%20when%20the,to%20the%20victim's%20self%2Desteem>.

4. La hipótesis de hablar pestes de los demás

51. Tartt, Donna (2014), *El secreto*, Lumen, Barcelona.

52. Pearl, Eve (17 de noviembre, 2011), «The Lipstick Effect of 2009» (El efecto pintalabios de 2009), en *HuffPost*. <https://www.huffpost.com/entry/the-lipstick-effect-of-20_b_175533#:~:text=La%20historia%20y%20la%20investigación%20han%20mostrado,años%20desde%201929%20hasta%201933>.

53. Van Duyne, Emily (9 de octubre, 2017), «Sylvia Plath Looked Good in a Bikini —Deal With It» (A Sylvia Plath le quedaba bien el biquini, acéptalo), en *Electric Literature*. <https://electricliterature.com/sylvia-plath-looked-good-in-a-bikini-deal-with-it/>.

54. The Bangles (1988), «Bell Jar», Sony BMG Music Management. Consultado el 23 de agosto de 2023. <https://open.spotify.com/track/6ermpvXoKsD7NVGfVoap6u?si=2b96d03bffa7457d>.

55. Meegan, Daniel V. (noviembre de 2010), «Zero-Sum Bias: Perceived Competition Despite Unlimited Resources» (Sesgo de suma cero: percibir la competencia a pesar de los recursos ilimitados), en *Frontiers in Psychology*. <https://www.frontiersin.org/journals/psychology/articles/10.3389/fpsyg.2010.00191/full>.

56. Sunde, Joseph (14 de septiembre de 2021), «"Win-Win Denial": The Roots of Zero-Sum Thinking» («La negación del ganar-ganar»: Las raíces del pensamiento de suma cero), en *Acton Institute*. <https://rlo.acton.org/archives/122444-win-win-denial-the-roots-of-zero-sum-thinking.html>.

57. Johnson, Samuel G. B.; Zhang, Jiewen y Keil, Frank C. (2022), «Win-Win Denial: The Psychological Underpinnings of Zero-Sum Thinking» (La negación del ganar-ganar: los fundamentos psicológicos del pensamiento de suma cero), en *American Psychological Association*. <https://psycnet.apa.org/record/2021-73979-001>.

58. Boyer, Pascal y Petersen, Michael Bang (2018), «Folk-Economic Beliefs: An Evolutionary Cognitive Model» (Creencias económicas populares. Un modelo cognitivo evolutivo), en *Behavioral and Brain Sciences 41*: e158. <doi:10.1017/S0140525X17001960>.

59. Kemmelmeier, Markus y Oyserman, Daphna (2001), «Gendered Influence of Downward Social Comparisons on Current and Possible Selves» (Influencia de género de las comparaciones sociales negativas en el yo actual y posible), en *Journal of Social Issues* 57, n.º 1: 129-148. <https://doi.org/10.1111/0022-4537.00205>.

60. Paul, Kari (22 de junio de 2017), «Here's Why Most Americans Prefer to Be a "Big Fish in a Small Pond"» (Por qué la mayoría de los estadounidenses prefieren ser un «pez grande en un estanque pequeño»), en *LSA*. <https://lsa.umich.edu/psych/news-events/all-news/graduate-news/here_s-why-most-americans-prefer-to-be-a-big-fish-in-a-small-pon.html>.

61. Nakamura, David y Weigel, David (4 de julio de 2016), «Trump's Anti-Trade Rhetoric Rattles the Campaign Message of Clinton and Unions» (La retórica anticomercio de Trump sacude el mensaje de campaña de Clinton y los sindicatos), en *Washington Post*, <https://www.washingtonpost.com/politics/trumps-anti-trade-rhetoric-rattles-the-campaign-message-of-clinton-and-unions/2016/07/04/45916d5c-3f92-11e6-a66f-aa6c1883b6b1_story.html>.

62. Valls, Marjorie (11 de enero de 2022), «Gender Differences in Social Comparison Processes and Self-Concept Among Students» (Diferencias de género en los procesos de comparación social y en el concepto de sí mismos entre estudiantes), en *Frontiers in Education 6*. <https://www.frontiersin.org/articles/10.3389/feduc.2021.815619/full>.

63. Valls, Marjorie («Gender Differences in Social Comparison Processes and Self-Concept Among Students» (Diferencias de género en los procesos de comparación social y en el concepto de sí mismos entre estudiantes), en *Frontiers in Education 6*. https://www.frontiersin.org/articles/10.3389/feduc.2021.815619/full.

64. Sha, Peng y Dong, Xiaoyu (21 de agosto de 2021), «Research on Adolescents Regarding the Indirect Effect of Depression, Anxiety, and Stress Between TikTok Use Disorder and Memory Loss» (Investigación en adolescentes sobre el efecto indirecto de la depresión, la ansiedad y el estrés entre el trastorno por adicción a TikTok y la pérdida de memoria), en MDPI, <https://www.mdpi.com/1660-4601/18/16/8820>.

65. Tobia, Jacob (2019), *Sissy: A Coming-of-Gender Story* (Sissy. Una historia de cambio de género), Lewes, Reino Unido: GMC.

66. Gentile, Douglas A. (13 de diciembre de 2013), «Catharsis and Media Violence: A Conceptual Analysis» (Catarsis y violencia mediática. Un análisis conceptual), en *MDPI*. <https://www.mdpi.com/2075-4698/3/4/491>.

67. Haidt, Jonathan (6 de junio de 2023), «Get Phones Out of Schools Now» (Fuera teléfonos de las escuelas ya), en *The Atlantic*. <https://www.theatlantic.com/ideas/archive/2023/06/ban-smartphones-phone-free-schools-social-media/674304/>.

68. Murthy, V. H. (2021), *Juntos. El poder curativo de la conexión humana*, Crítica, Barcelona.

69. Friedman, Ann (31 de mayo de 2013), «Shine Theory: Why Powerful Women Make the Greatest Friends» (Teoría del brillo. Por qué las mujeres poderosas son las mejores amigas), en *The Cut*. <https://www.thecut.com/2013/05/shine-theory-how-to-stop-female-competition.html>.

5. Cómo es morir por Internet

70. The Decision Lab, «Why Do We Misjudge Groups by Only Looking at Specific Group Members?» (¿Por qué juzgamos mal a los grupos cuando nos fijamos solo en algunos de sus miembros?). Consultado el 28 de agosto de 2023. <https://thedecisionlab.com/biases/survivorship-bias>.

71. Montell, Amanda (13 de marzo de 2018), «What It's Like to Die Online» (Cómo es morir por Internet), en *Marie Claire*. <https://www.marieclaire.com/culture/a19183515/chronically-ill-youtube-stars/>.

72. Jarry, Jonathan (6 de octubre de 2020), «Tips for Better Thinking: Surviving Is Only Half the Story» (Consejos para pensar mejor. Sobrevivir es solo la mitad de la historia), en Oficina para la Ciencia y la Sociedad. <https://www.mcgill.ca/oss/article/general-science/tips-better-thinking-surviving-only-half-story>.

73. Mahmoudi, Elham y Meade, Michelle A. (abril de 2015), «Disparities in Access to Health Care Among Adults with Physical Disabilities: Analysis of a Representative National Sample for a Ten-Year Period» (Disparidades en el acceso a la atención sanitaria

entre adultos con discapacidades físicas. Análisis de una muestra nacional representativa de un periodo de diez años), en *ScienceDirect*. <https://www.sciencedirect.com/science/article/abs/pii/S193665741400106X?via%3Dihub>.

74. Krahn, Gloria L.; Klein Walker, Deborah y Correa-De-Araujo, Rosaly (abril de 2015), «Persons with Disabilities as an Unrecognized Health Disparity Population» (Las personas con discapacidad como población con disparidades sanitarias no reconocidas), en *American Journal of Public Health*. <https://www.ncbi.nlm.nih.gov/pmc/articles/PMC4355692/>.

75. Çam, Deniz (18 de octubre de 2017), «Doctorate, Degree or Dropout: How Much Education It Takes To Become A Billionaire» (Doctorado, licenciatura o abandono. ¿Cuánta educación se necesita para convertirse en multimillonario?), en *Forbes*. <https://www.forbes.com/sites/denizcam/2017/10/18/doctorate-degree-or-dropout-how-much-education-it-takes-to-become-a-billionaire/?sh=28dd45c6b044>.

76. Fry, Richard (6 de septiembre, 2017), «5 Facts About Millennial Households» (Cinco datos sobre los hogares millennials), en Pew Research Center. <https://www.pewresearch.org/short-reads/2017/09/06/5-facts-about-millennial-households/>.

77. Tanzi, Alexandre (26 de agosto de 2022), «Gen Z Has Worse Student Debt than Millennials» (La generación Z tiene una deuda estudiantil peor que la generación millennial), en Bloomberg.com. <https://www.bloomberg.com/news/articles/2022-08-26/gen-z-student-debt-worse-than-millennials-st-louis-fed-says#xj4y7vzkg>.

78. LaMotte, Sandee (9 de junio de 2022), «Do optimists live longer? Of Course They Do» (¿Los optimistas viven más? Por supuesto que sí), en CNN. <https://www.cnn.com/2022/06/09/health/living-longer-optimist-study-wellness/index.html#:~:text=A%20growing%20body%20of%20research&text=A%202019%20study%20found%20both,to%20age%2085%20or%20beyond>.

79. Aitkenhead, Decca (4 de diciembre de 2011), «Siddhartha Mukherjee: "A Positive Attitude Does Not Cure Cancer, Any More than a Negative One Causes It"» (Siddhartha Mukherjee: «Una actitud positiva no cura el cáncer, igual que una negativa no lo causa»), en *The Guardian*. <https://www.theguardian.com/ books/2011/dec/04/siddhartha-mukherjee-talk-about-cancer>.

6. Hora de entrar en una espiral

80. Eghigian, Gregg (5 de agosto de 2021), «UFOs, UAPs — Whatever We Call Them, Why Do We Assume Mysterious Flying Objects Are Extraterrestrial?» (OVNIs, FANIs. Como quiera que los llamemos, ¿por qué suponemos que los misteriosos objetos voladores son extraterrestres?), en *Smithsonian*. <https://www.smithsonianmag. com/air-space-magazine/ufos-uapswhatever-we-call-them-why-do-we-assume-mysterious-flying-objects-are-extraterrestrial-180978374/>.

81. Odell, Jenny (2021), *Cómo no hacer nada: resistirse a la economía de la atención*, Ariel, Barcelona.

82. Mollica, Richard F. y Hübl, Thomas (18 de marzo de 2021), «Numb from the News? Understanding Why and What to Do May Help» (¿Anestesiado por las noticias? Entender por qué y qué hacer puede ayudar), en *Harvard Health*. <https://www.health.harvard. edu/blog/numb-from-the-news-understanding-why-and-what-to-do-may-help-2021031822176>.

83. Haynes, Trevor (1 de mayo de 2018), «Dopamine, Smartphones & You: A Battle for Your Time» (Dopamina, teléfonos inteligentes y tú: Una batalla por tu tiempo), en Universidad de Harvard, Science in the News. <https://sitn.hms. harvard.edu/flash/2018/dopamine-smartphones-battle-time/>.

84. (15 de abril de 2019), «Abundance of Information Narrows Our Collective Attention Span» (La abundancia de información reduce nuestra capacidad de atención colectiva), en *EurekAlert!* <https://www.eurekalert.org/news-releases/490177>.

85. McClinton, Dream (17 de abril de 2019), «Global Attention Span Is Narrowing and Trends Don't Last as Long, Study Reveals» (Un estudio revela que la capacidad de atención mundial se reduce y las tendencias no duran tanto), en *The Guardian*. <https://www. theguardian.com/society/2019/apr/16/got-a-minute-global-attention-span-is-narrowing-study-reveals>.

86. Drucker, Peter (1992), *El ejecutivo eficaz*, Edhasa, Barcelona.

87. Woolf, Virginia (2003), *Orlando*, Alianza Editorial, Barcelona.

88. (17 de mayo de 2013), «Resetting the Theory of Time» (Restablecer la teoría del tiempo), en NPR. <https://www.npr. org/2013/05/17/184775924/resetting-the-theory-of-time#:~:text=Albert%20Einstein%20once%20wrote%3A%20 People,that%20true%20reality%20is%20timeless>.

89. (13 de julio de 2020), «How Long Is a Year on Other planets?» (¿Cuánto dura un año en otros planetas?), en *SpacePlace*. <https:// spaceplace.nasa.gov/years-on-other-planets/en/>.

90. Ogden, Ruth S. (6 de julio de 2020), «The Passage of Time During the UK Covid-19 Lockdown» (El paso del tiempo durante el bloqueo de Covid-19 en el Reino Unido), en *PLOS One*. <https://journals.plos.org/plosone/article?id=10.1371%2Fjournal. pone.0235871>.

91. Keltner, David (2023), *Awe: The New Science of Everyday Wonder and How It Can Transform Your Life* (*Asombro. La nueva ciencia del asombro cotidiano y cómo puede transformar tu vida*), Nueva York: Penguin.

92. Kennelly, Stacey (3 de diciembre de 2012), «Can Awe Buy You More Time and Happiness?» (¿Puede el asombro comprarte más tiempo y felicidad?), en *DailyGood*. <https://www.dailygood.org/ story/353/can-awe-buy-you-more-time-and-happiness-stacey-kennelly/>.

93. Rubin, Rick (2023), *El acto de crear: una forma de ser*, Diana Editorial, Barcelona.

94. Robb, Alice (5 de febrero de 2022), «The "Flow State": Where Creative Work Thrives» (El «estado de flujo»: Donde prospera el trabajo creativo), en *BBC Worklife*. <https://www.bbc.com/worklife/article/20190204-how-to-find-your-flow-state-to-be-peak-creative>.

95. Wittmann, Marc y otros (2015), «Subjective Expansion of Extended Time-Spans in Experienced Meditators» (Expansión subjetiva de lapsos de tiempo prolongados en meditadores experimentados), en *Frontiers in Psychology 5*. <https://doi.org/10.3389/fpsyg.2014.01586>.

96. Hoge, Elizabeth A. y otros (2023), «Mindfulness-Based Stress Reduction vs. Escitalopram for the Treatment of Adults with Anxiety Disorders» (Reducción del estrés basada en *mindfulness* vs. escitalopram para el tratamiento de adultos con trastornos de ansiedad), en *JAMA Psychiatry 80*, n.º 1. <https://doi.org/10.1001/jamapsychiatry.2022.3679>.

97. Davydenko, Mariya (diciembre de 2017), «Time Grows on Trees: The Effect of Nature Settings on Time Perception» (El tiempo crece en los árboles. El efecto de los entornos naturales en la percepción del tiempo), en *Journal of Environmental Psychology 54*: 20-26. <https://doi.org/10.22215/etd/2017-11962>.

98. Kristof, Nicholas (28 de julio de 2012), «Blissfully Lost in the Woods» (Felizmente perdido en el bosque), en *New York Times*. <https://www.nytimes.com/2012/07/29/opinion/sunday/kristof-blissfully-lost-in-the-woods.html>.

7. El estafador interior

99. Brinson, Sam, «Is Overconfidence Tearing the World Apart?» (¿El exceso de confianza está destrozando el mundo?), en Sam

Brinson. Consultado el 8 de septiembre de 2023. <https://www.sambrinson.com/overconfidence/>.

100. Kruger, Justin y Dunning, David (1999), «Unskilled and Unaware of It: How Difficulties in Recognizing One's Own Incompetence Lead to Inflated Self-Assessments» (Inexperto e inconsciente de ello: cómo las dificultades para reconocer la propia incompetencia conducen a autoevaluaciones infladas), en *Journal of Personality and Social Psychology 77*, n.1 6: 1121-1134. <https://doi.org/10.1037/0022-3514.77.6.1121>.

101. Jarry, Jonathan (17 de diciembre de 2020), «The Dunning-Kruger Effect Is Probably Not Real» (Es probable que el efecto Dunning-Kruger no sea real), en McGill University Office for Science and Society. <https://www.mcgill.ca/oss/article/critical-thinking/dunning-kruger-effect-probably-not-real>.

102. Plous, Scott (2007), Chapter 19: Overconfidence (Capítulo 19: Exceso de confianza). *The Psychology of Judgment and Decision Making*, McGraw-Hill Higher Education, Nueva York.

103. Yamada, Makiko y otros (2013), «Superiority Illusion Arises from Resting-State Brain Networks Modulated by Dopamine» (La ilusión de superioridad surge de redes cerebrales en estado de reposo moduladas por dopamina), en *Proceedings of the National Academy of Sciences 110*, n.º 11: 4363-4367. <https://doi.org/10.1073/pnas.1221681110>.

104. Svenson, Ola (febrero de 1981), «Are We All Less Risky and More Skillful Than Our Fellow Drivers?» (¿Somos todos menos arriesgados y más hábiles que nuestros compañeros conductores?), en *Acta Psychologica 47*, n.º 2: 143-148. <https://doi.org/10.1016/0001-6918(81)90005-6>.

105. Johnson, Dominic D. P. y Fowler, James H. (14 de septiembre de 2011), «The Evolution of Overconfidence» (La evolución del exceso de confianza), en *Nature News*. <https://www.nature.com/articles/nature10384/>.

106. Lowenstein, Roger (2002), *When Genius Failed* (*Cuando falló el genio*), Fourth Estate, Londres.

107. Shipman, Claire y Kay, Katty (mayo de 2014), «The Confidence Gap» (El déficit de confianza), en *The Atlantic*. <https://www.theatlantic.com/magazine/archive/2014/05/the-confidence-gap/359815/>.

108. Li, Kun; Cong, Rui; Wu, Te y Wang, Long (2014), «Bluffing Promotes Overconfidence on Social Networks» (El fanfarroneo fomenta el exceso de confianza en las redes sociales), en *Scientific Reports 4*, n.º 1. <https://doi.org/10.1038/srep05491>.

109. (22 de febrero de 2022), «Most Kids Want to Be Social Media Influencers, Is It Realistic?» (La mayoría de los niños quieren ser influencers en las redes sociales, ¿es realista?), en abc10.com. <https://www.abc10.com/video/entertainment/most-kids-want-to-be-social-media-influencers-is-it-realistic/103-fc9d8b19-60c1-43a1-a774-8b5927e65244>.

110. Saldanha, Natalya (19 de noviembre de 2019), «In 2018, an 8-Year-Old Made $22 Million on YouTube. No wonder kids want to be influencers» (En 2018, un niño de 8 años ganó 22 millones de dólares en YouTube. No es de extrañar que los niños quieran ser influencers), en *Fast Company*. <https://www.fastcompany.com/90432765/why-do-kids-want-to-be-influencers>.

111. Cook, Josie Rhodes (29 de agosto de 2018), «Bad news, Elon Musk: Overconfident CEOS Have a Higher Risk of Being Sued» (Malas noticias, Elon Musk. Los CEOs demasiado confiados corren más riesgo de recibir una demanda), en *In-verso*. <https://www.inverse.com/article/48486-overconfident-ceos-are-more-likely-to-get-sued-study-says>.

112. Kaufman, Scott Barry (11 de septiembre de 2018), «Are Narcissists More Likely to Experience Impostor Syndrome?» (¿Son los narcisistas más propensos a experimentar el síndrome del

impostor?), en Scientific American Blog Network. <https://blogs.
scientificamerican.com/beautiful-minds/are-narcissists-more-likely-
to-experience-impostor-syndrome/#:~:text=Vulnerable%20
narcissists%20have%20an%20 incessant,as%20they%20
believe%20they%20are>.

113. Uddin, Shahamat (23 de enero de 2020), «Racism Runs Deep
in Professionalism Culture» (El racismo cala hondo en la cultura
del profesionalismo), en *The Tulane Hullabaloo*. <https://
tulanehullabaloo.com/51652/intersections/business-
professionalism-is-racist/>.

114. Ward, Sarah J. y King, Laura A. (enero de 2018), «Gender
Differences in Emotion Explain Women's Lower Immoral
Intentions and Harsher Moral Condemnation» (Las diferencias de
género en las emociones explican las menores intenciones inmorales
y la condena moral más severa de las mujeres), en *Personality and
Social Psychology Bulletin 44*, n.º 5: 653-669. <https://doi.
org/10.1177/0146167217744525>.

115. Aronson, Elliot y Tavris, Carol (2020), *Mistakes Were Made
(but not by me)* (*Hubo errores (pero yo no fui)*), HarperCollins,
Nueva York.

116. Sloman, Steven y Fernbach, Philip (2017), The Knowledge
Illusion (*La ilusión del conocimiento*), Riverhead Books, Nueva York

117. Kolbert, Elizabeth (19 de febrero de 2017), «Why Facts Don't
Change Our Minds» (Por qué los hechos no nos hacen cambiar de
opinión), en *The New Yorker*. <https://www.newyorker.com/
magazine/2017/02/27/why-facts-dont-change-our-minds>.

118. Lorde, Audre, «Poetry Is Not a Luxury» We Tip the Balance.
("La poesía no es un lujo". Inclinamos la balanza). Consultado el
21 de septiembre de 2023. <http://wetipthebalance.org/wp-
content/uploads/2015/07/Poetry-is-Not-a-Luxury-Audre-Lorde.
pdf>.

119. «APA Dictionary of Psychology», en Asociación Americana de Psicología. Consultado el 11 de septiembre de 2023. <https://dictionary.apa.org/humility>.

120. Rollwage, Max y Fleming, Stephen M. (2021), «Confirmation Bias Is Adaptive When Coupled with Efficient Metacognition» (El sesgo de confirmación es adaptativo cuando se combina con una metacognición eficiente), en *Philosophical Transactions of the Royal Society B: Biological Sciences 376*, n.º 1822. Consultado el 11 de septiembre de 2023. <https://doi.org/10.1098/rstb.2020.0131>.

121. Johnson, Dominic D.; Weidmann, Nils B.y Cederman, Lars-Erik (24 de junio de 2011), «Fortune Favours the Bold: An Agent-Based Model Reveals Adaptive Advantages of Overconfidence in War» (La fortuna favorece a los audaces. Un modelo basado en agentes revela las ventajas adaptativas del exceso de confianza en la guerra), en *PLOS One 6*, n.º 6. <https://doi.org/10.1371/journal.pone.0020851>.

8. Los haters son mi motivación

122. «The Middle Ages» (La Edad Media), *Encyclopædia Britannica*. Consultado el 11 de septiembre de 2023. <https://www.britannica.com/topic/government/Representation-and-constitutional-monarchy>.

123. «Why Do We Believe Misinformation More Easily When It's Repeated Many Times?» (¿Por qué creemos con más facilidad la desinformación cuando se repite muchas veces?), en The Decision Lab. Consultado el 11 de septiembre de 2023. <https://thedecisionlab.com/biases/illusory-truth-effect>.

124. Parramore, Lynn (7 de noviembre de 2016), «The Average American Worker Takes Less Vacation Time Than a Medieval Peasant» (El trabajador promedio estadounidense tiene menos vacaciones que un campesino medieval), en *Business Insider*.

<https://www.businessinsider.com/american-worker-less-vacation-medieval-peasant-2016-11>.

125. Eagly, Alice H. y Chaiken, Shelly (1993), *The Psychology of Attitudes* (*La psicología de las actitudes*), Harcourt Brace Jovanovich College Publishers, Nueva York.

126. McTier, Moiya (2023), *La Vía Láctea. Una autobiografía de nuestra galaxia*, Crítica, Barcelona.

127. Fazio, Lisa K.; Marsh, Elizabeth J.; Brashier, Nadia M. y Payne, B. Keith (2015), «Knowledge Does Not Protect Against Illusory Truth» (El conocimiento no protege contra la verdad ilusoria), en *Journal of Experimental Psychology 144*, n.º 5: 993-1002. <https://doi.org/10.1037/e520562012-049>.

128. Pennycook, Gordon; Cannon, Tyrone D. y Rand, David G. (2017), «Prior Exposure Increases Perceived Accuracy of Fake News» (La exposición previa aumenta la precisión percibida de las noticias falsas), en *Journal of Experimental Psychology*. <https://doi.org/10.2139/ssrn.2958246>.

129. Mould, Tom, «Counter Memes and Anti-Legends in Online Welfare Discourse» (Contramemes y antileyendas en el discurso virtual sobre la asistencia pública), en *Journal of American Folklore 135*, n.º 538 (2022): 441-465. <https://doi.org/10.5406/15351882.135.538.03>.

130. Hassan, Aumyo y Barber, Sarah J. (13 de mayo de 2021), «The Effects of Repetition Frequency on the Illusory Truth Effect» (Efectos de la frecuencia de repetición en el efecto de verdad ilusoria), en *Cognitive Research: Principles and Implications 6*, n.º 1. <https://doi.org/10.1186/s41235-021-00301-5>.

131. Shatz, Itamar, «The Rhyme-as-Reason Effect: Why Rhyming Makes Messages More Persuasive» (El efecto de la rima como razón. Por qué la rima hace que los mensajes sean más persuasivos),

en *Effectiviology*. Consultado el 11 de septiembre de 2023. <https://effectiviology.com/rhyme-as-reason/>.

132. «codificación acústica»: Devine, Kathryn (26 de noviembre de 2019), «Why You Should Take the Time to Rhyme: The Rhyme as Reason Effect» (Por qué deberías tomarte tiempo para rimar. El efecto de la rima como razón), en *CogBlog-A Cognitive Psychology Blog*. <https://web.colby.edu/cogblog/2019/11/26/why-you-should-take-the-time-to-rhyme-the-rhyme-as-reason-effect/>.

133. Okrent, Arika (26 de julio de 2021), «Why Is the English Spelling System So Weird and Inconsistent?: Aeon Essays» (¿Por qué el sistema ortográfico inglés es tan extraño e incoherente?: Ensayos Aeon), Editado por Sally Davies, en *Aeon*. <https://aeon.co/essays/why-is-the-english-spelling-system-so-weird-and-inconsistent>.

134. Kolata, Gina (19 de febrero de 1995), «Rhyme's Reason: Linking Thinking to Train the Brain?» (La razón de la rima. ¿Enlazar el pensamiento para entrenar el cerebro?), en *New York Times*. <https://www.nytimes.com/1995/02/19/weekinreview/ideas-trends-rhyme-s-reason-linking-thinking-to-train-the-brain.html>.

135. Tversky, Barbara (2014), «The Cognitive Design of Tools of Thought» (El diseño cognitivo de las herramientas del pensamiento), en *Review of Philosophy and Psychology*, n.º 1: 99-116. <https://doi.org/10.1007/s13164-014-0214-3>.

136. McGlone, Matthew S. y Tofighbakhsh, Jessica (1999), «The Keats Heuristic: Rhyme as Reason in Aphorism Interpretation» (La heurística de Keats. La rima como razón en la interpretación de aforismos), *Poética 26*, n.º 4: 235-244. <https://doi.org/10.1016/s0304-422x(99)00003-0>.

137. Dennis-Tiwary, Tracy (2022), *Future Tense: Why Anxiety Is Good for You* (*Even Though It Feels Bad*) (Tiempo futuro: por qué la ansiedad es buena para ti, aunque se sienta mal), Harper Wave, Nueva York.

138. «A World Without Words» (Un mundo sin palabras), *Radiolab*, s.f.

139. Bolte Taylor, Jill (2009), *Un ataque de lucidez. Un viaje personal hacia la superación*, Debate, Madrid.

140. Elson, Rebecca (2018), *A Responsibility to Awe* (*Una obligación con el asombro*), Carcanet Classics, Manchester (Reino Unido).

9. Perdón por llegar tarde, debe ser Mercurio retrógrado

141. Blitz, Matt (16 de mayo de 2014), «Jurassic Park lied to you: T-Rex Had Great Eyesight Really» (Jurassic Park te mintió: en realidad el T-Rex tenía gran vista), en *Gizmodo*. <https://gizmodo.com/jurassic-park-lied-to-you-t-rex-had-great-eyesight-rea-1577352103>.

142. Aronson, Elliot y Tavris, Carol (2020), *Mistakes were made (but not by me)* (*Hubo errores (pero yo no fui)*), HarperCollins, Nueva York.

143. Didion, Joan (2012), *Los que sueñan el sueño dorado*, Random House, Barcelona.

144. Ratcliffe, Mitch (2 de enero de 2000), «Y2K Survivalists Struggle with Reality» (Los supervivientes del año 2000 luchan contra la realidad), en UPI. <https://www.upi.com/Archives/2000/01/02/Y2K-survivalists-struggle-with-reality/8815946789200/>.

145. Peters, Uwe (20 de abril de 2020), «What Is the Function of Confirmation Bias? (¿Cuál es la función del sesgo de confirmación?), en *Erkenntnis 87*, n.º 3: 1351-1376. <https://doi.org/10.1007/s10670-020-00252-1>.

146. Lord, Charles G.; Ross, Lee y Lepper, Mark R. (noviembre de 1979), «Biased Assimilation and Attitude Polarization: The Effects

of Prior Theories on Subsequently Considered Evidence»
(Asimilación sesgada y polarización de actitudes. Los efectos de las
teorías previas en las pruebas consideradas posteriormente), en
Journal of Personality and Social Psychology 37, n.º 11: 2098-2109.
<https://doi.org/10.1037/0022-3514.37.11.2098>.

147. Bailey, Ronald (12 de julio de 2011), «Climate Change and
Confirmation Bias» (Cambio climático y sesgo de confirmación),
en Reason.com. <https://reason.com/2011/07/12/scientific-
literacy-climate-ch/>.

148. St. John Mandel, Emily (2015), *Estación Once*, Kailas
Editorial, Madrid.

149. Rollwage, Max y Fleming, Stephen M. (2021), «Confirmation
Bias Is Adaptive When Coupled with Efficient Metacognition» (El
sesgo de confirmación es adaptativo cuando se combina con una
metacognición eficiente), en *Philosophical Transactions of the Royal
Society B: Biological Sciences 376*, n.º 1822. Consultado el 11 de
septiembre de 2023. <https://doi.org/10.1098/rstb.2020.0131>.

10. La fascinación por la nostalgia

150. Csikszentmihalyi, Mihaly (febrero de 2004), «Flow, the Secret
to Happiness» (Flujo, el secreto de la felicidad), en TED Talks.
<https://www.ted.com/talks/mihaly_csikszentmihalyi_flow_the_
secret_to_happiness/transcript>.

151. Brooks, Arthur C. (primavera de 2008), «Free People Are
Happy People» (La gente libre es gente feliz), en *City Journal*.
<https://www.city-journal.org/article/free-people-are-happy-
people>.

152. Koenig, John (2021), *The Dictionary of Obscure Sorrows* (*El
diccionario de las penas desconocidas*), Simon & Schuster, Nueva York.

153. Le Guin, Ursula K. (2014), *Cuentos de Terramar*, Minotauro,
Barcelona.

154. «Why Do We Think the Past Is Better than the Future?» (¿Por qué pensamos que el pasado es mejor que el futuro?), en The Decision Lab. Consultado el 11 de septiembre de 2023. <https://thedecisionlab.com/biases/declinism>.

155. Walker, W. Richard y Skowronski, John J. (2009), «The Fading Affect Bias: But What the Hell Is It For?», en *Applied Cognitive Psychology 23*, n.º 8: 1122-1136. <https://doi.org/10.1002/acp.1614>.

156. Lee, Cynthia (9 de abril de 2015), «The Stranger Within: Connecting with Our Future Selves» (El extraño interior. Conectando con nuestro yo futuro), en UCLA. <https://newsroom.ucla.edu/stories/the-stranger-within-connecting-with-our-future-selves>.

157. *La dama y el vagabundo* (2019), Walt Disney Studios Motion Pictures.

158. Avila, Eric (noviembre de 2004), «Popular Culture in the Age of White Flight: Film Noir, Disneyland, and the Cold War (Sub) Urban Imaginary» (La cultura popular en la era de la huida blanca: cine negro, Disneylandia y el imaginario (sub)urbano de la Guerra Fría), en *Journal of Urban History 31*, n.º 1: 3-22. <https://doi.org/10.1177/0096144204266745>.

159. McMillan Cottom, Tressie (24 de febrero de 2021), «The Dolly Moment: Why We Stan a Post-Racism Queen» (El momento Dolly: por qué idolatramos a una reina del posracismo), en tressie.substack.com — essaying. <https://tressie.substack.com/p/the-dolly-moment>.

160. Carlson, Ben (31 de diciembre de 2020), «Golden Age Thinking» (El pensamiento de la Era de Oro), en A Wealth of Common Sense. <https://awealthofcommonsense.com/2020/12/golden-age-thinking/>.

161. Whitworth, Elizabeth (17 de septiembre de 2022), «Declinism Bias: Why People Think the Sky Is Falling-Shortform»

(El sesgo del declinismo: por qué la gente piensa que el cielo se está cayendo), en *Shortform*. <https://www.shortform.com/blog/declinism-bias/>.

162. Lilley, Sasha; McNally, David; Yuen, Eddie y Davis, James (2012), *Catastrophism*, PM Press, Binghamton, Nueva York.

163. Roser, Max (23 de diciembre de 2016), «Proof That Life Is Getting Better for Humanity, in 5 Charts» (Pruebas de que la vida está mejorando para la humanidad, en cinco gráficos), en *Vox*.

164. «A Conversation with James Baldwin» (24 de junio de 1963), en WGBH, American Archive of Public Broadcasting (GBH y la Biblioteca del Congreso), Boston (Massachusetts) y Washington D. C. Consultado el 11 de septiembre de 2023. <http://americanarchive.org/catalog/cpb-aacip-15-0v89g5gf5r>.

165. Graham, Carol (agosto de 2020), «Are Women Happier than Men? Do Gender Rights Make a Difference?» (¿Son las mujeres más felices que los hombres? ¿Sirven de algo los derechos de género?), en Brookings. <https://www.brookings.edu/articles/are-women-happier-than-men-do-gender-rights-make-a-difference/>.

166. Davies, James (2022), *Sedados. Cómo el capitalismo moderno creó la crisis de salud mental*, Capitán Swing Libros, Madrid.

167. (17 de mayo de 2022), «The Cult of Fast Fashion» (El culto a la moda rápida), en *Sounds Like a Cult*. <https://open.spotify.com/episode/1LfqDsztUy6RPiiONn0dek>.

11. La magia de convertirse en un artesano mediocre y cambiar tu vida

168. Clinehens, Jennifer (5 de enero de 2020), «The IKEA Effect: How the Psychology of Co-Creation Hooks Customers» (El efecto IKEA: cómo la psicología de la cocreación engancha a los clientes), en *Medium*. <https://medium.com/choice-hacking/how-the-psychology-of-co-creation-hooks-customers-330570f115>.

169. Norton, Michael I.; Mochon, Daniel y Ariely, Dan (2011), «The "IKEA Effect": When Labor Leads to Love» (El «Efecto IKEA»: Cuando el trabajo lleva al amor), en *Journal of Consumer Psychology 22*: 453-460. <https://doi.org/10.2139/ssrn.1777100>.

170. Mortimer, Gary; Mathmann, Frank y Grimmer, Louise (18 de abril de 2019), «The IKEA Effect: How We Value the Fruits of Our Labour over Instant Gratification» (El efecto IKEA: cómo valoramos el fruto de nuestro trabajo por encima de la gratificación instantánea), en *The Conversation*. <https://theconversation.com/the-ikea-effect-how-we-value-the-fruits-of-our-labour-over-instant-gratification-113647>.

171. Mikkelson, David (30 de enero de 2008), «*Requiring an Egg Made Instant Cake Mixes Sell?*» (¿Pedir un huevo hizo que se vendieran más mezclas instantáneas para tartas?), en Snopes. <https://www.snopes.com/fact-check/something-eggstra/>.

172. Taylor, Ivy (24 de octubre de 2017), «Over Three Times as Many Video Game Projects Fail than Succeed on Kickstarter» (Fracasan más del triple de proyectos de videojuegos de los que triunfan en Kickstarter), en *GamesIndustry.biz*. <https://www.gamesindustry.biz/success-of-resident-evil-2-board-game-paints-a-curious-picture-of-kickstarter-in-2017>.

173. Grant, Adam (19 de abril de 2021), «There's a Name for the Blah You're Feeling: It's Called Languishing» (Hay un nombre para el aburrimiento que sientes: se llama languidecer), en *New York Times*. <https://www.nytimes.com/2021/04/19/well/mind/covid-mental-health-laguishing.html>.

174. Van Dam, Andrew (6 de enero de 2023), «The Happiest, Least Stressful, Most Meaningful Jobs in America» (Los trabajos más felices, menos estresantes y más significativos de Estados Unidos), en *Washington Post*. <https://www.washingtonpost.com/business/2023/01/06/happiest-jobs-on-earth/>.

175. Borst Polino, Michelle, «Crochet Therapy» (Terapia de ganchillo), en Counseling. Consultado el 21 de septiembre de 2023. <https://www.counseling.org/docs/default-source/aca-acc-creative-activities-clearinghouse/crochet-therapy.pdf?sfvrsn=6>.

176. Cohn, Gabe (25 de octubre de 2018), «AI Art at Christie's Sells for $432,500» (Una obra de arte hecha con IA se vende por 432.500 dólares en Christie's), en *New York Times*. <https://www.nytimes.com/2018/10/25/arts/design/ai-art-sold-christies.html>.

177. Parkinson, Hannah Jane (24 de junio de 2020), «It's a Botch-Up! Monkey Christ and the Worst Art Repairs of All Time» (¡Lo arruinó! El *Ecce Homo* de Borja y las peores reparaciones artísticas de todos los tiempos), en *The Guardian*. <https://www.theguardian.com/artanddesign/2020/jun/24/monkey-christ-worst-art-repairs-of-all-time>.

178. Nick Cave (enero de 2019), «Considering Human Imagination the Last Piece of Wilderness, Do You Think AI Will Ever Be Able to Write a Good Song?» (Considerando que la imaginación humana es el último recodo de naturaleza salvaje, ¿crees que la inteligencia artificial será alguna vez capaz de escribir una buena canción?), en *The Red Hand Files*. <https://www.theredhandfiles.com/considering-human-imagination-the-last-piece-of-wilderness-do-you-think-ai-will-ever-be-able-to-write-a-good-song/>.

179. Evans, Claire L. (14 de mayo de 2014), «The Sound of (Posthuman) Music» (El sonido de la música (poshumana)), en *Vice*. <https://www.vice.com/en/article/bmjmkz/the-sound-of-posthuman-music>.

180. Claire William F. (1966), «That Rare, Random Descent: The Poetry and Pathos of Sylvia Plath» (Ese raro y azaroso descenso. La poesía y el *pathos* de Sylvia Plath), en *The Antioch Review 26*, n.º 4: 552-560. <https://doi.org/10.2307/4610812>.